KB047186

::

박영선에
대하여

박영선에 대하여

회고와 질문으로 **신창섭** 씀

박영선을 증명하는 기록들

신창섭.

그는 MBC에서 독일 특파원을 지냈다.

강원도 바닷가에서 태어난 촌사람이다. 독일어를 전공했다. 그리고 베를린 특파원을 지내면서 독일 전문가가 되었다. 독일 통일 문제에도 안목이 깊다.

그는 독서광이었다. 그가 쓴 책도 여러 권이다. 《독일통일과 미디어》, 《기적을 이뤄낸 아데나워 리더십》 등을 쓴 저자가 신창섭이다.

그는 박영선과 MBC〈경제 매거진〉을 함께 만들었다. 그가 독일에서 본 ZDF 방송의〈WISO〉라는 경제 프로그램을 모티브로 IMF 때 한국 실정에 맞게 재설계해서 만들었다. 〈경제 매거진〉은 의외로 주말의 시청률을 달구었다.

그리고〈경제 매거진〉은 MB의 아킬레스건이 되었다. MB가〈경제 매거진〉에서 털어놓은 BBK와 김경준이 결국 MB의 발목을 잡았으니 말이다. 신창섭과 박영선이 함께 만든〈경제 매거진〉은 MB가

김경준과 BBK를 세상에 털어놓은 첫 프로그램이다.

결국 신창섭과 박영선의 인터뷰는 MB의 무릎을 꿇게 만들었다.

그런 신창섭이 평전을 써보겠다고 마음먹었다. 대한민국 정치인의 평가 방식도 진화해야 하고, 정치인에 대한 평전이 줄 잇기를 기대하며 썼다고 했다. 그는 MBC에서 박영선과 함께했던 시간을 회고하며 이후 간간이 박영선에게 질문 던졌던 대화를 바탕으로 이 책을 써 내려갔다.

이 책은 박영선의 생각과 그가 해온 일의 가치에 대해 음미해볼 수 있는 공간이 되길 바라는 마음, 그리고 이 책을 읽는 시간 동안 무엇이 세상을 바꿀 수 있는 것인지에 대한 공감이 만들어지기를 바라는 마음, 그 자체다. 또한 더욱 낮은 곳으로 임해서 어려운 사람들을 위해 일하는 정치인들이 많아지길, 이 책이 그러한 밑거름이 되길 바란다.

무엇이 세상을 바꿀 수 있을까?

박영선은 그것이 '용기'임을 보여주고 있다는 것이 신창섭의 시선이다.

신창섭의 강원도 고향 친구이자 MBC 동료인 강원도지사

최 문 순 드림

:: 차 례

Prologue
메르켈 그리고 박영선

나는 직업에서도 삶에서도 독일과 연결 고리가 많아 자주 독일을 방문했다. 그래서 한국과 독일을 비교하는 주제에 관심이 많다. 독일 역시 한때는 분단국가였기에 통일을 대하는 두 나라 국민의 관점과 인식을 저울질해보는 것도 매력적이다. 하지만 내가 더욱 주의를 기울이는 영역은 지도자의 모습이다. 인문적 소양과 정치적 역량을 겸비한 독일 정치 지도자들을 보면서 '우리 지도자들도 저랬으면' 하고 자연스럽게 대입해보고는 했다. 그리고 그때마다 어쩔 수 없이 마음 한구석에 아쉬움이 스며들고는 했다.

독일이 통일을 이룬 저변에는 시대의 요청에 응답한 걸출한 지도자들이 있었다는 사실을 잊어서는 안 된다. 서독 건국의 초석을 다진 아데나워가 있었고, 화해의 제스처로 유럽사의 물줄기를 바꾸며

2017년 12월 독일에서 만난 박영선과 메르켈. 이날 박영선은 메르켈에게 한반도 평화를 위한 중재자가 되어줄 것을 요청했다.

통일의 기반을 다진 빌리 브란트가 있었으며, 독일 통일의 주역 헬무트 콜이 있었다. 그리고 다시금 독일을 유럽의 중심에 세운 앙겔라 메르켈 현 총리가 있다. 이들 중에서도 나는 특히 메르켈에 주목하고 있다. 그 이유는 그가 앞선 총리들보다 뛰어난 업적을 이루었다는 주관적인 평가 때문이 아니라, 현직 총리이면서 여성 정치인으로서 성공적인 지도자 반열에 올랐다는 사실 때문이다.

나는 오랫동안 독일의 정치와 문화를 탐색해왔다. 하지만 오래되면 시들해지기 마련이듯 필자 역시 독일이라는 대상에 조금씩 지루함을 느끼기 시작했다. 그때 메르켈은 내게 새로운 영감을 불러일으켰고 한층 깊은 사색의 세계로 이끌어주었다. 지난 시간을 돌아보면 내가 활력을 회복하고 사색에 빠지고 깊이 침잠하던 순간에 유럽을 이끌어온 메르켈의 이력은 호기심을 불러일으키기에 충분하다. 그녀를 따라가다 보면 곳곳에서 반전의 드라마를 만나는 한편 독일 현대사가 진경산수화처럼 선명하게 펼쳐진다.

메르켈은 서독 함부르크에서 태어났으나, 목사였던 그의 아버지는 분단 상황에서 너도나도 서독으로 넘어오려던 당시에 동독으로 역주행 이주를 했다. 메르켈은 대학에서 물리학을 전공하여 박사 학위를 받았고 동베를린에 정착하여 연구 활동을 이어갔다. 그러던 중 통일 독일의 과도기였던 1990년에 정치에 입문해서 독일 역사상 최단 시일 내에 수직 상승하며 정치적 입지를 쌓아갔다. 그리고 통일 이후 수렁에 빠졌던 독일 경제를 정상화시키고 유럽을 이끌어가는 지도자로서 막강한 리더십을 발휘했다.

한편으로는 총리 관저에서 집무를 마치고 난 뒤에 슈퍼마켓에 직접 들러 장을 보고 저녁상을 차리는 소탈한 모습을 보이기도 한다. 진솔한 언어로 국민과 소통하며 정책 방향을 공유하는 낮은 자세는 그의 트레이드마크다. 메르켈의 행동이나 삶의 궤적은 우리네 보통 사람과 그리 다르지 않고 튀지도 않는다. 보통 사람의 인생에서 어떻게 저처럼 비범한 지도력이 나오는가 하는 의문은 내게 오래된 물음이자 숙제다.

동독의 유력 정치인들은 독일 통일과 함께 역사의 뒤안길로 사라졌다. 반면 무명이었던 메르켈만은 살아남아 독일과 유럽을 호령했다. 어떠한 정치학적 틀로도 해석하기 어려운 마법 같은 성공을 거둔 이유가 무엇일까? 이 질문에 나는 아직 속 시원한 답을 찾지 못했다. 학창 시절 운동권에 속했던 것도 아니었고, 정치적 훈련을 받았거나 몰두한 적도 없다. 그럼에도 동독 출신이라는 핸디캡을 극복하고 마초 정치인들이 득실거리는 독일 정치 무대에서 대권을 거머쥔 것도 모자라 장기 집권까지 하고 있다. 그 이유를 필자 나름대로 찾아보자면, 평범한 경험을 국민과 나누는 상식 속의 비범함이 아닐까 싶다. 메르켈은 독일인의 성정에 친숙한 동네 이웃 아줌마 같은 모습으로 국민에게 다가간다. 신비에 싸인 것도 없다. 헬무트 콜 총리의 후광이 없었던 것은 아니지만, 그 후광으로 올라간 자리는 장관이 끝이었다. 그 이후 정글 같은 당내 정치투쟁을 이겨내고 자신만의 정치적 길을 확보한 저력은 아무리 과소평가하려 해도 후한 점수를 주지 않을 수 없다.

  나는 메르켈을 생각할 때마다 자연스럽게 박영선을 떠올리고는 한다. 왠지 모르게 풍기는 느낌이 비슷하기 때문이다. 메르켈과 박영선을 내 생각의 천칭 위에 올려놓고 재보는 것은 적어도 내게는 특별한 일이 아니고, 대단한 의지를 필요로 하는 일도 아니다. 같은 여성 정치인이자 지도자이니 자연스럽게 저울질해보는 것이다.

  메르켈과 박영선을 비교하면서 누가 우위에 있는지 따지려는 것도 아니고, 박영선이 메르켈과 동급의 지도자 반열에 올라 있다는 평가를 시도하고자 하는 것도 아니다. 정치 이력을 놓고 보았을 때 박영선이 메르켈을 따라잡으려면 좀 더 시간이 필요하다. 직책의 중요도나 그동안 해온 일들의 위상을 놓고 우열을 비교하면서 박영선을 '한국의 메르켈'로 추켜세우는 것은 이 책의 목적이 아니다. 박영선의 정치 인생을 논하는 필자의 활동과 사고 반경 안에 메르켈과 박영선이 서 있기에 두 정치인을 관심 깊게 바라보는 것일 뿐이다.

  메르켈과 박영선은 여러 면에서 비슷한 이력을 가지고 있다. 두 사람이 비슷한 삶의 여정 속에서 비슷한 경험을 공유하고 있다는 필자의 관점과 평가가 박영선도 앞으로 메르켈처럼 되리라는 어설픈 전망의 복선이 되지는 않을 것이다. 다만 한 사람의 지도자가 탄생하고 리더십을 형성해가는 데 대한 통찰을 얻고 함께 생각해보고자 하는 것뿐이다.

메르켈과 박영선은 첫 번째로 전문직 출신 정치인이라는 공통점이 있다. 메르켈은 물리학 박사 출신으로 정치에 입문하기 전에는 과학 아카데미의 연구원이었다. 베를린장벽이 붕괴되던 날에도 친구와 사우나를 갔다 올 정도로 정치와는 담을 쌓고 살았다. 굳이 정치와의 연결 고리를 찾고자 한다면, 종교 단체 소속으로 반체제 운동을 했던 것이 전부였다.

박영선 역시 도시지리학 교수를 꿈꾸던 평범한 학생으로 대학 시절을 보냈다. 학생운동에 나서고는 싶었으나 완고한 집안 분위기 때문에 그러지 못했다. 졸업 후에 기자가 되었고, 경제 전문가로서 실력과 소양을 키웠으며, 앵커로서 바른 뉴스를 전하던 타고난 언론인이었다. 정치를 꿈꾼 적은 한 번도 없었다.

메르켈과 박영선의 두 번째 공통점은 정치의 첫 일성을 대변인으로 시작했다는 사실이다. 메르켈은 베를린장벽이 무너진 뒤의 과도기에 동독 내에 우후죽순처럼 생겨난 각종 결사단체 중의 하나였던 Demokratischer Aufbruch'민주개혁' 또는 '민주약진'으로 해석된다의 대변인으로 정치에 입문했다. 그러던 중 동독 과도정부의 데메지에르 총리에게 발탁되어 과도정부의 대변인을 맡게 된다. 메르켈은 마치 물리학의 실험 수치를 내놓는 듯 사실적이고 정확한 브리핑으로 언론의 주목을 받았다. 박영선은 MBC 경제부장을 역임하고 열린우리당 창당 대변인으로 전직하면서 정치에 입문했고, 간결하면서도 경제 뉴스처럼 팩트에 근거한 핵심을 찌르는 논평으로 정치 코멘트의 새로운 지평을 열었다.

두 사람의 세 번째 공통점은 정치인의 길을 걸으면서 계파나 조직에 매몰되지 않고 자기만의 영역을 개척한 점도 우연치고는 너무나도 닮았다. 메르켈은 동독 출신이기에 통일 독일의 정치판에서 어떠한 인맥과 후원 그룹도 기대할 수 없었다. 헬무트 콜 총리에게 발탁되어 동독 출신 정치인의 몫으로 주어진 국회의원이 되고, 의정 활동을 바탕으로 장관 자리까지 올랐지만, 독일 정치의 중앙 무대에서 그는 아웃사이더였다. 메르켈이 국회의원이었을 당시 한 호텔의 커피숍에서 차를 마시던 독일의 거물 정치인들이 앞자리에 있던 그를 몰라봤다는 유명한 일화도 있다. 하지만 메르켈은 자신은 안중에도 없던 기라성 같은 거물들을 제치고 당권을 장악한 끝에 동독 출신 최초의 총리가 되었다. 조직과 계파가 있어 이룬 일이 아니었다.

박영선도 정동영의 천거로 노무현 대통령의 "정치 개혁을 위해서 깨끗한 이미지의 대변인이 필요하다."는 설득에 정치권 입문을 했지만, 그는 정동영 계파가 아니다. 4선 의원을 지내는 동안 정치적 뒷배가 되어줄 무리를 만들었을 법하지만, 어느 계파에도 속하지 않았다. 그러면서 정책위의장, 법사위원장, 원내대표 등을 거쳐 의정사에 남을 '여성 최초'라는 수식어의 주인공이 되어왔다. 정책적 지향이나 입법에 대한 의기투합 없이 무리를 형성해서 적당히 자리를 보전하고자 하는 행태를 박영선은 체질적으로 거부한다. 그래서 박영선의 당내 투쟁은 늘 외롭다. 하지만 외로움 속에서도 그는 하나둘 성공을 이루어냈고, 그 토대 위에서 경륜을 쌓아가는 중이다.

메르켈과 박영선의 네 번째 공통점은 서민적이라는 점이다. 메르켈의 아버지는 목사였고, 가족은 목사 사택에서 생활했다. 나중에 통일이 되면 서베를린의 켐핀스키 호텔에서 근사한 식사를 하는 것이 가족의 작은 소망이었다. 메르켈은 총리가 된 뒤에도 퇴근 후 슈퍼마켓에 들러 직접 장을 본다. 동네 아줌마 차림을 한 메르켈의 수수한 모습은 여러 차례 언론에 포착되었고, 메르켈의 스타일은 신문 만평의 단골 메뉴가 되었다. 한때 얼굴의 주름을 제거하기 위해 주사를 맞은 박근혜 전 대통령의 얼굴과 자연 그대로인 메르켈의 얼굴 사진이 화제가 된 적이 있다. 두 살 아래이면서도 주름이 자글자글한 메르켈의 얼굴이 박근혜 전 대통령보다 더 매력적이라는 평가가 대부분이었다. 이렇듯 메르켈의 생활에는 장막이 없이 일거수일투족이 노출되어 보통 사람들도 다 아는 리더인 것이다.

박영선도 의사당을 나서면 머리띠를 한 채 거리를 활보했다. 어디에서나 볼 수 있는 한국의 중년 여성이다. MBC에서 근무하던 시절 앵커석에 앉아 방송용 의상을 걸치고 시청자 앞에 서던 모습이 꿈만 같다. 구로 국회의원 시절에는 구로 거리 시장에서 장을 보고, 보따리 같은 가방에 반찬거리 등을 담고는 집으로 향했다. 남구로시장에 가서 멸치 칼국수를 먹으며 상인들과 수다를 떨었다. 대학 시절에 입던 옷을 아직도 입고 다닌다. 자라오는 동안 몸에 밴 근검절약이 그대로 남아 있다. 평범한 가정에서 자라며 키운 성정이 우리네와 크게 다르지 않다. 젓갈을 손으로 집어 식은 밥 한 술에 올려 먹는 그 즐거움을 박영선은 안다.

다섯 번째로 정치 스캔들 없이 깨끗하고 투명하게 정치 활동을 펼치고 있다는 점도 닮았다. 메르켈은 자신의 대부 격인 헬무트 콜 총리가 정치자금법 위반으로 수모를 겪는 것을 지켜보았다. 또 기민당^{기독민주당} 출신 대통령이 협찬을 받은 일로 낙마하는 것도 목격했다. 굵직굵직한 정치 스캔들이 터질 때면 그는 대단히 신중한 자세를 취하며 중립을 지킨다. 2005년부터 지금까지 장기 집권하고 있지만 메르켈에게서는 티끌만큼의 잡음도 들려오지 않는다.

'클린 정치인'에 관한 한 박영선은 둘째가라면 서러울 만큼 투명하다. 한 치 앞을 예측하기 힘든 지역구 선거에서도 돈 안 들이는 선거운동을 실천했고, 지역구의 단체장과 시·구의원 등 선거 후보자를 공천하는 과정에서 금품과 대가가 오가는 것을 철저하게 금지하는 원칙을 지켰다.

마지막으로 메르켈과 박영선 둘 다 이산가족이다. 30여 년 전만 해도 독일과 한국은 분단국가라는 공통분모를 가지고 있었다. 메르켈의 고향은 서독의 항구 도시 함부르크이지만, 어릴 때 아버지를 따라 동독으로 향했다. 어린 메르켈은 서독에 남아 있는 이모와 친척들을 항상 그리워했다.

박영선도 이산가족이다. 박영선의 어머니는 개성 출신이다. 그의 어머니는 한국전쟁 때 부산으로 피난 와 마산을 경유해서 경남 창녕에 정착했다. 이후 박영선의 가족은 서울로 이주했다. 박영선의 어머니는 북녘 고향이 그리울 때면 종종 강화도 마니산 중턱에 올라 바다 저 멀리 아스라이 잡힐 듯한 고향 땅을 바라보면서 망향가를 불렀다. 박영선은 그런 어머니의 모습을 가슴에 담은 채 자라왔고, 지금도 실향민의 애달픈 심정을 깊이 공감한다.

동독에서 자란 메르켈이 통일을 계기로 위대한 정치가의 반열에 올라 통일 독일을 힘차게 이끌듯, 박영선에게도 통일 대한민국의 의미 있는 정치인으로 역할을 할 날이 올까? 그것은 우리 모두의 숙원이자, 중견 정치인으로 성장한 박영선에게 남은 도전 과제다.

박영선의 평전을 쓰려고 펜을 들었을 때 가장 먼저 떠오른 인물이 메르켈이었다. 항상 이런 식이다. 메르켈을 생각하면 박영선이 떠오르고 박영선을 생각하면 메르켈이 떠오르면서 두 사람이 오버랩된다.

기왕 메르켈 이야기를 꺼냈으니 첨언하자면, 이제 박영선의 정치 인생도 한 단계 업그레이드되어야 한다는 점이다. 이력과 삶의 여정이 메르켈과 유사하다는 것만으로 메르켈 같은 정치 거물이 될 수는 없을 것이다. 메르켈처럼 되기 위해서는 국민과 더욱더 부대끼고 소통하며 자신을 반대하는 이들까지 껴안을 수 있는 대범함이 필요하다. 시대를 간파하는 통찰과 혜안은 박영선이 가진 지도자의 자질 중 하나다. 격랑의 시간을 견뎌내는 저력도 갖추었다. 나비가 되어 날아오르기 위해 번데기처럼 움츠린 인고의 시간이 있어야 했던 것처럼 말이다. 나는 박영선이 한국의 메르켈 신화를 이루기를 조심스럽게 희망해본다. 이를 위해 박영선의 전모를 독자들 앞에 내놓고 공유하며 같이 판단해보자는 뜻에서 이 책을 썼다.

연구원 시절의 메르켈이 이처럼 영향력 있는 정치인으로 성장할 줄 아무도 몰랐듯, 박영선이 가진 앵커와 방송 기자로서의 능력이 정치에 대입되어 역량을 발휘하리라고 누가 예견할 수 있었을까? 그것은 어쩌면 관행적이고 진부한 틀에 가둔 채 인물을 관찰하고 평가하는 것이 대단히 취약하다는 사실을 드러내는 대목이기도 하다.

앵커로서 브라운관에서 주목받는 것과 정치인으로서 주목받고 인정받는 것은 차원이 다르다. 정치인은 TV 화면 속에 갇혀 있어서는 안 된다. 실질적인 성과를 내야 한다. 시류를 교묘히 이용하여 표만 얻어내고는 다시 국민 위에 군림하려는 정치인을 얼마나 많이 보았던가. 평범함 속에 비범함이 있다. 특별한 환경을 누리고 범상치 않은 경험을 했던 사람에게 어떤 비법이 있을 것이라는 환상에 그동안 우리는 많이 실망했다.

비례대표로 시작해 구로구 지역구를 맡아 4선 국회의원에 이르고 중소벤처기업부 장관을 역임한 박영선 정치 여정의 브랜드는 '기득권 타파'다. 그는 반대만을 위한 타파를 외치지 않았다. 기득권 혁파를 통해 한국 사회의 구정물을 비어내고 밥풀이 말라붙은 그릇을 설거지하듯이 닦아내야만 정의로운 세상을 구현할 수 있다고 그는 믿는다. 구정물에 세탁을 할 수는 없다. 이러한 목표를 위해 달려온 박영선의 통찰력은 그간 그가 경고해온 목록을 보면 알 수 있다. 그는 순차적으로 몇 가지에 대해 경고한 바 있고 최순실 국정 농단 사태가 밝혀지면서 그것들이 현실화되었음이 증명되었다.

박영선이 옳았다. 2007년 BBK, 2012년 민간인 사찰 사건, 2013년의 외국인투자촉진법과 재벌민원법, 2014년 청와대 전 비서관 이재만의 심야 외출 보따리 의혹 제기와 대통령 세월호 7시간 문제 제기, 2015년 삼성물산과 제일모직 합병에 국민연금 몰아주기 의혹 제기 등등 박영선의 일침이 제때에 해법을 찾았다면, 대한민국의 공정성이 그렇게까지 무너지지는 않았을 것이고, 공적 영역이 몇 사람의 손아귀에서 사적으로 이용되는 어처구니없는 농단 사태도 없었을 것이다.

이 책의 내용은 내가 MBC 직장 동료로서 그리고 그 이후 관찰자로서의 기록들을 바탕으로 하고 있다. 박영선과 나는 MBC 〈경제 매거진〉을 함께 제작했고 동료로 또 동지로 오랜 시간을 함께했기에 그의 언어와 삶의 삽화들을 충분히 접할 수 있었다. 박영선은 이미 네 권의 책을 통해 자신의 삶과 여정, 생각을 드러낸 바 있다. 이 책은 이전의 저작물이 담지 못한 이야기를 두루 포함하고 있다. 박영선은 중소벤처기업부 장관직도 잘 수행해, 코로나19 팬데믹 상황에서 중소기업과 소상공인 지원책을 시원스레 펼친 동시에 팬데믹 이후의 비대면 시대, 4차산업혁명 시대에 대한민국이 선두가 될 수 있도록 '디지털 경제로의 대전환'이라는 화두를 던지며 한발 앞선 비전과 정책을 제시하였다. 나는 박영선의 오늘을 만든 그 이전의 시간들에 집중하고 싶었다. 박영선의 학창 시절과 언론인 시절, 무엇보다도 16년 의정활동을 나름대로 정리하는 것이 필요하다고 생각했기 때문이다. 독자들에게 이 책이 막중한 책임감으로 큰 역할을 해야 하는 정치인 박영선의 진짜 모습을 들여다보는 계기를 제공해주리라 믿는다.

정치인을 제대로 파악하고 이해해야 한다는 사실을 우리는 최순실 국정 농단 사태에서 뼈저리게 깨달았다. 모든 것은 결국 지도자의 책임이다. 지난 정권 동안 있었던 일련의 사건들은 지도자가 어떤 사람이어야 하고 어떻게 행동해야 하는지를 경고하고 있다. 이말은 박영선에게도 그대로 적용된다. 박근혜의 실패에 분노하고 자괴감에 빠지는 것만으로는 해법을 찾을 수 없다. 그런 의미에서 이책은 박영선이 진정 지도자로서의 상식과 경험과 통찰과 소통 능력을 갖추고 있는지 일별해볼 수 있는 좋은 자료가 될 것이다.

박영선이 지속적으로 주창해온 검찰 개혁, 재벌 개혁, 나아가 기득권 개혁에 대한 정책과 소신이 어떤 의미를 갖는지 독해할 수 있으리라 기대한다.

문제는 리더십이다. 민주 국가에서 리더십은 모든 사안에 앞서 갖추어야 할 선결 요건이다. 국민은 리더를 감별해내는 안목을 키워야 하고, 그게 가능하도록 다양한 채널을 마련해야 하며 토론의 장도 마련해야 한다. 정치 지도자들 스스로가 그동안의 이미지 뒤에 숨어 있을 것이 아니라, 좀 더 객관적으로 자신을 설득시키고 이해시키는 환경을 만들어가야 한다.

격랑 속에 내놓은 박영선 정치 평전이 국민과 정치인이 한층 가까워지는 환경을 마련하는 새로운 시도이자 작은 미덕이 되기를 희망한다.

저것은 벽
어쩔 수 없는 벽이라고 우리가 느낄 때
그때
담쟁이는 말없이 그 벽을 오른다.

_도종환 시인의 시, 〈담쟁이〉에서

Scene 1

단단하게
여물어가는 시간

박영선의 학창 시절과 기자 시절

정치인은 입장권을 끊고 관중석에 머무는 타자가 아니다.

정치인의 입장권은 국민들이 쥐어준 것이다.

그는 국가와 사회의 운명을 직시하고 키를 조종하여 배를 끌고 가야 한다.

객석의 장승처럼 복지부동해서는 안 된다.

::

고향 창녕

공간은 운명이다. 공간이 삶의 반경을 좌우한다. 특히 도시화가 진행되기 이전 시대의 사람들에게 출생 장소는 중요한 의미를 지녔고, 그 사람의 정체성을 형성하는 비중 있는 요소이기도 했다. 풍수학적인 의미가 아니라, 한 개인의 삶이 시작되는 원초적 출발지로서 그렇다는 뜻이다.

우리는 왜 거기에서 태어났는가? 나는 왜 강원도에서 태어났는가? 아버지가 북한에서 내려와 그곳에 정착하는 바람에 인연이 생겨났다. 오래전 취재차 시베리아 횡단 열차를 타고 가는 동안 형체를 알 수 없을 정도로 아스라이 멀리 보이는 작은 마을의 불빛을 보면서 이런 생각을 했다. '저들은 어떻게 해서 저기에 살게 되었을까?' 거기에서 태어났으니 살고 있다는 것이 답이리라. 그곳에서 태어나 다른 곳으로 가지 않으면 그곳의 귀신이 된다. 국적은 변경할 수 있어도 고향은 바꿀 수 없다고 하지 않던가. 독일 작가 노발리스는 '우리는 어디로 향하는가?'라는 질문에 이렇게 답했다. "늘 집으로immer nach Hause."

단어로 볼 때 고향과 이향 그리고 실향은 글자 하나 정도만 바뀔 뿐이지만 현실 공간에서의 차이는 어마어마하다. 영원한 떠남일 수도 있고, 다시 돌아갈 수 없음일 수도 있다. 함경북도 성진이 고향인 나의 아버지는 실향 이후 다시는 고향으로 돌아가지 못했다. 분단의 상처가 깊은 대한민국에서 고향이라는 말은 실향만큼이나 아픈 단어다. 그러기에 부모의 삶부터 물어야 한다.

박영선의 출생지는 경남 창녕이다. 왜 창녕인가? 박영선의 어머니에게 그 비밀의 열쇠가 있다. 이북 출신인 박영선의 어머니가 피난길에 올랐다가 창녕행을 감행했기에 인연이 생긴 것이다.

"1·4 후퇴 당시 개성에서 기차에 몸을 실은 후 한없이 내려갔어요."

어머니박영선의 외할머니와 함께 기차에 몸을 싣고 '한없이 내려갔던' 박영선의 어머니는 부산에 도착했다. 그래도 운이 좋았다. 기차 지붕 위에 짐짝처럼 실려 가다가 내동댕이쳐지는 것이 다반사였지만, 다행히 가족은 무사히 부산에 안착했다. 피난살이는 고달팠고 부산은 번잡했다. 그래서 마산으로 옮겼다. 오래지 않아 교사 모집 공고가 났다. 당시 이화여대 재학생이었던 박영선의 어머니는 공고에 응했고 합격했다. 그리고 창녕으로 향했다.

개성 여자가 마산에서 창녕으로 가는 버스에 몸을 실었다. 그렇게 도착한 곳이 남지중고등학교였다. 중학교 가사 선생님이 되었다. 학교에는 박영선의 아버지가 근무하고 있었다. 남지중학교는 학교 건물만 개축되었을 뿐 당시 그 자리에 그대로 있다.

경남 창녕은 지리적으로 대구와 마산 사이에 위치하고 있다. 구마 고속도로가 창녕을 지난다. 대구에서 55킬로미터 정도, 자동차로 30분 거리다. 낙동강 건너에 함안군이 있다. 고속도로 표지판에 창녕, 부곡이 보이다가 남지가 나타났다. 남지는 창녕군에서도 맨 아래쪽에 있다. 서울로 가려면 대구를 거쳐야 한다.

한때 물 좋다는 소문에 경향 각지 사람들로 들끓던 부곡을 지나 남지 표지판이 보이자 탁 트인 평지가 전개된다. 남지는 창녕군의 군청 소재지인 창녕읍과 달리 평지에 자리 잡고 있어 시야가 시원하다. 진영으로 연결된 낙동강 철교가 나그네를 맞는 남지는 봄이면 유채꽃축제를 열어 많은 관광객을 맞이한다. 둑 제방에 올라서면 읍내가 한눈에 들어온다. 도로망이 사통팔달 시원하게 잘 뚫려 있다.

일제강점기 때 창녕을 관할하던 일본인들은 군청 소재지인 창녕이 아니라 대부분 남지에서 살았다고 한다. 그만큼 살기가 좋아서였다. 창녕읍을 등지고 있는 화왕산이 저 멀리 서 있을 뿐 눈에 띄는 산세나 지형지물이 없다.

가을 산의 최고 미각이라는 송이버섯은 모래가 많이 섞인 땅에서 자란다. 옥토에서 생산되는 것이 아니다. 남지도 모래땅이어서 다른 작물은 잘 안 되는 반면 땅콩만큼은 전국 최고다. 그래서 이런 객쩍은 생각을 해보았다. 남지 출신인 박영선 역시 땅콩밭의 정기를 받은 것이 아닐까, 하고.

박영선의 아버지 박정서의 남지초등학교 친구인 박치규 씨는 지금은 남지의 옛 모습을 거의 찾아볼 수 없다고 말한다. 지금 남지 초입에 위치한 버스 터미널에서 그리 멀지 않은 곳에서 박영선의 큰아버지가 국수 공장을 운영했다. 현재 주소로 말하면 남지읍 동포 옛길 6번지. 당시 국수 공장은 정미소 등과 더불어 사업성이 꽤 좋은 분야였다. 동네 사람들은 박영선의 가계를 이야기할 때 백부 이야기를 빼놓지 않는다. 백부 박수문 씨의 사업이 꽤 괜찮다 보니 지역 유지로 인정받았고, 자연히 박영선의 아버지 박정서도 백부의 그늘에서 인식되고는 했다. 남지에서 유명세를 날리던 국수 공장 자리에는 지금 3층 건물이 들어서 있다. 여관과 가요주점 간판이 보일 뿐 과거를 추억할 만한 그 어떤 구조물도, 사람도 없다.

박영선은 세 살 때 어머니 등에 업혀 고향을 떠났다. 박영선 가족만 그런 게 아니라 많은 남자들이 대구로, 서울로 향했다. 그 풍경은 산업화 시대 대한민국의 디아스포라였다. 게다가 기억을 간직하고 있을 만한 박영선의 아버지 세대는 지금 대부분 세상을 떠났다. 그 때문에 남지에는 박영선의 유년 시절과 관련된 이야기가 거의 남아 있지 않다. 그렇지만 박치규 씨는 박영선에 대해서 한마디 덧붙이는 것을 잊지 않았다. "친구의 딸이라서 그런 게 아니라 박영선 의원이 대단해. 우리는 아주 기분이 좋고 기대가 커. 영선이 말하는 것 봐. 똑 부러진다 아니가."

개성댁 박영선의 어머니처럼 서북 지역의 많은 사람들이 부산으로 피난 나왔다가 남지까지 흘러들었다. 당시에 서북 청년회가 있을 정도로 그 지역 출신이 많았다고 이봉학 씨는 말한다. 박영선의 어머니 역시 전쟁이 끝나고 남지로 왔고, 그곳에서 결혼해 10여 년을 살았다. 박영선의 아버지는 남지중학교에서 교편을 잡고 있었고 백부는 국수 공장을 운영하면서 남부럽지 않게 살았다. 인심을 잃지 않았던지 박영선의 가족사를 더듬는 박치규 씨의 말 속에서 칭찬이 묻어 나왔다.

박정서는 정확한 사람이었다. 키가 크고 미남이어서 인기가 좋았다. 친구들은 박영선의 아버지를 부러워했다. 부부 교사로 주변에서 칭찬이 자자했다. 그러던 어느 날 딸이 사투리 쓰는 것을 본 박영선의 어머니는 이래서는 안 되겠다며 딸의 교육을 위해 서울행을 감행했다. 맹모삼천지교였다. 그러면서 박영선의 가족은 물리적으로 창녕과 멀어졌다. 어머니에 이어 아버지도 상경했다. 하지만 박영선의 아버지는 여름철이나 명절이 되면 고향으로 내려가고는 했다. 박치규 씨의 말이다. "내려가네, 하고 전화 넣고 내려오면 일신옥에서

1964년 KBS 아기 노래단 때의 모습

만나 장어 요리로 우정을 나누고는 했어."

백부가 운영하던 국수 공장도 산업화에 밀려 문을 닫았다. 지금 남지에는 박영선의 일가친척이 한 명도 남아 있지 않다. 2013년에 세상을 떠난 박영선의 아버지가 남지 읍내에서 5킬로미터 떨어진 신전리에 잠들어 있으니, 친할머니와 친할아버지, 아버지만 홀로 고향을 지키고 있는 셈이다.

다시 공간운명론으로 돌아가보자. 전쟁이 일어나지 않았다면 박영선의 어머니는 피난을 떠나지 않았을 것이다. 부산을 거쳐 창녕의 남지읍이라는 시골 마을에도 가지 않았을 것이다. 그런 점에서 박영선의 가족은 한국의 분단사와 밀착되어 있다. 특히 어머니는 개성에서 부산으로, 마산으로, 다시 창녕 남지를 거쳐 서울로 향하는 길고 긴 동선을 만들면서 남한에서 한평생을 보냈다. 실향에 이어 제2의 고향 남지에서 이향離鄕하는 이중의 아픔을 겪었다. 남지를 떠나 서울에 온 이후 명절이면 어머니는 강화도로 가서 망향가를 불렀다. 맑은 날이면 저 멀리 북녘땅이 보일 듯한 강화도는 실향의 눈물을 받아줄 최적의 장소였다.

"방법이 없잖아요. 고향 생각에 강화도를 많이 다녔고, 눈물 한 가마니는 흘렸을 겁니다. 보고 싶지요."

다시 한 번 독일 메르켈의 가족사가 문득 오버랩된다. 아버지를 따라 서독에서 동독으로 역주행 이주를 했던 메르켈은 1990년에 독일이 통일되면서 고향 함부르크의 친지들과 뜨거운 재회를 했다. 한국전쟁 때 이남했던 박영선의 외가 쪽 가족은 어머니를 제외하고 대부분이 미국으로 이주해서 살고 있다. 이남한 가족들마저 뿔뿔이 흩어져 또 다른 이산가족으로 살고 있는 셈이다. 분단이 낳은 고통의 결과다. 직접 겪지 않은 사람은 이산가족의 고통을 헤아리기 힘들다. 그래서 통일을 이야기하는 것이고, 끝까지 희망을 놓지 않는다. 그리고 그것은 중요 정치인으로 발돋움한 딸 박영선이 풀어야 할 시대적 과제이기도 하다.

::

어머니

　전쟁과 분단. 한국 현대사의 질곡은 많은 부분 이 두 가지 민족사의 비극에서 비롯되었다. 전쟁 속에 디아스포라의 아픔이 쌓였고, 이산의 고통이 연출되었다. 그 여파는 아직도 현재 진행형이다. 분단 극복이 시대의 과제임에도 70년 가까운 세월 동안 희망은 좌표와 방향을 잃은 채 기약 없는 공방 속에서 헤매고 있다. 박영선의 가족사 역시 전쟁과 분단의 소용돌이와 관련이 있다. 그 점에서 이산가족 박영선의 가족사는 동시대 사람들의 아픔과 같이한다.

　박영선의 어머니는 한국전쟁 때 삼팔선을 넘어 남한으로 피난 왔다. 남으로 남으로 향하여 부산에 둥지를 틀었다가 경남 창녕으로 옮겨 기반을 다졌다. 이어 딸을 서울로 데리고 가 뒷바라지하면서 자녀 교육에 힘을 쏟았다. 한 시대를 풍미했던 방송사 명앵커, 대한민국 공당의 헌정사상 첫 여성 원내대표를 지낸 4선 의원, 중소벤처 기업부 장관, 이처럼 박영선의 배경에는 어머니의 노고가 자리 잡고 있었다. 박영선의 태생적 고향은 창녕이지만, 한국 분단사의 통증을 온몸으로 겪어낸 개성 여인 어머니의 삶이 있었기에 그의 정서적 고 향은 대한민국이라고 해야 할 것이다.

박영선의 어머니 이영숙은 1950년 전쟁 발발 당시 이화여대 법대 생이었다. 여성에게 고등교육의 기회가 드문 시절이었지만, 이영숙 은 고향인 개성에서 호수돈여고를 졸업하고 집을 떠나 이화여대에 서 유학하며 기숙사 생활을 했다. 그런데 전쟁이 터졌다. 개성 집으 로 가야 할지, 아니면 기숙사에 남아 있어야 할지 몰라 발만 동동 굴 렀다.

며칠 뒤 개성에서 아저씨 한 분이 자전거를 타고 이영숙을 데리러 왔다. 그는 자전거 뒷자리에 몸을 싣고 개성으로 향했다. 난리통에 집으로 가는 길이 순탄치 않았다. 임진강가에는 북한 인민군이 길 을 가로막고 있었다. 이영숙은 기지를 발휘하여 군인을 설득하고 임 진강 검문소를 통과해서 개성 집에 도착했다. 이영숙의 가족은 공산 치하의 북에 남기보다는 남쪽으로 내려가기로 했다. 이듬해 1·4 후 퇴를 틈타 부산행 기차에 올랐다. 난리통에 어떻게 가족이 흩어지지 않았을까? 이영숙은 말한다. "가족이 같이 내려온 것을 생각하면 아 찔하고도 꿈같은 일이었어요."

부산과 마산에서 힘겹게 피난 생활을 이어가던 중에 공고문을 발견했다. 교사를 모집한다는 내용이었다. 먹고사는 일이 급했던 이영숙은 이에 응시했고 경남 창녕으로 발령을 받았다. 박영선의 이력서에 고향이 창녕으로 기록되는 인연의 비밀이 벗겨지는 순간이다.

앞서 밝혔듯, 이영숙은 당시 이화여대 법대를 다닌 보기 드문 신여성이었다. 개성에서 인삼 농사를 짓는 대농의 딸로 태어나 미션스쿨인 호수돈여고를 졸업하고 이화여대 법대에 진학했으니, 요즘 기준으로 봐도 스펙이 화려하다.

창녕 남지중고등학교에서 교편생활을 시작한 처녀 선생님 이영숙은 거기서 남자를 만났으니, 그가 바로 박영선의 아버지 박정서였다. 경상도가 고향인 박정서도 그 학교의 선생님이었다. 경상도 남자와 이북 출신 여자가 결합한 남남북녀 커플이었다. 부부 교사로서 깨소금 넘치는 신혼 생활을 시작했다. 이로써 이영숙에게 창녕은 제2의 고향이 되었다. 그리고 1960년에 맏딸 박영선이 태어난다.

그러나 부부의 창녕 생활은 오래가지 못했다. 박영선이 3살 되던 해에 이영숙은 딸을 데리고 창녕을 떠났다. 개성에서 피난 나온 후 10년 만에 서울행을 감행한 것이다. 이번에는 피치 못해 떠난 걸음이 아니라 자발적으로 나선 발걸음이었다. 박영선은 말한다. "그 이후 고향 창녕에 대한 기억은 방학 때와 명절 때 할머니 집을 방문하면서 쌓인 거예요. 참 자주 갔어요."

왜 이영숙은 일찍 시댁을 떠나야만 했을까? 그는 신여성이었다.

맏딸인 박영선이 말을 배우기 시작할 무렵 사투리를 쓰는 게 영 마음에 걸렸다. "어무이예" 하며 진한 경상도 사투리로 말을 배우기 시작하는 딸을 보며 저렇게 크면 앞으로 사회생활을 하는 데 지장이 많을 것이라는 생각이 들었단다. 박영선이 훗날 방송사에서 맹활약하리라는 사실을 예견했던 것일까? 이영숙은 창녕을 떠나 표준어를 쓰는 서울로 가야겠다고 결심하고는 딸을 들쳐 업고 나섰다. 오직 딸을 위해 남편의 고향이자 시댁이 있는 창녕을 먼저 떠났다. 남편에게는 "여보, 내가 먼저 영선이 데리고 갈 테니 당신은 정리하고 바로 오세요."라는 말만 남겼다.

그렇게 도착한 곳이 서울 광화문의 셋방살이였고, 이후 남편이 서울에 자리 잡은 이후 모래내 국민주택에 살았다. 모래바람이 거세기로 유명한 허허벌판 동네에 자리 잡은 이영숙은 부족하기만 한 서울살이를 하면서 오로지 딸의 교육에만 집중했다. 남편 박정서는 이화여대 교직원으로 직장을 구했지만 이영숙은 박영선을 키우는 데에만 매진했다. 당시 이영숙 정도의 학벌이면 교사를 비롯해 갈 수 있는 직장이 많았다. 그렇지만 이영숙은 딸을 데리고 무작정 남산 KBS로 달려갔다.

난데없이 웬 KBS였을까? 당시 이영숙은 박영선을 유치원에 보내고 싶었지만 형편이 닿지 않았다. 사립 유치원은 경쟁률이 셌고 학비도 비싸서 부잣집 아이들만 문을 두드릴 수 있었다. 이영숙은 넉넉지 않은 가정형편이지만 딸을 제대로 교육시킬 방편을 고민하다

남산 KBS 방송국 앞에서 어머니와 함께. 박영선을 유치원에 보내고 싶었지만 형편이 닿지 않았던 어머니
는 딸을 KBS 아기 노래단으로 데려갔다.

가 방송국으로 향한 것이었다. 'KBS 아기 노래단원 모집'에 응모하
기 위해서였다. 단원 응모 자격은 5살부터였지만 이영숙은 4살 난
딸을 데리고 시험만 보게 해달라고 졸라 기어이 합격시켰다.

1964년, 이영숙은 하루가 멀다 하고 리라초등학교 언덕길로 통하
는 남산 KBS로 향했다. 아기 노래단원의 녹화가 있는 날이면 이영숙
은 프로그램이 끝나는 시간까지 복도에서 기다리면서 2년을 보냈다.

이영숙에게는 꿈이 많았다. 딸의 뒷바라지나 하면서 세월을 보내
는 것이 인생의 목표는 아니었다. 그렇다고 집안일은 등한시한 채

서울 시립 합창단원으로 활동하던 시절

배운 것을 티내고 잘난 척하는 선입견 속의 신여성과는 거리가 멀었다. 학력으로 보나, 집안으로 보나 자신의 꿈을 실현할 요건이 충분했고 세상을 보는 안목도 뛰어났다. 하지만 전쟁이라는 암초에 가로막혔다.

이영숙은 주부로서, 엄마로서 재주를 발휘하기 시작했다. 직장 업무에 바쁜 남편을 위해 웬만한 집안일은 이영숙이 도맡았다. 딸을 위해 손수 바느질을 해서 옷을 만들고 뜨개질을 해서 목도리를 짰다. 박영선은 "초등학교 때까지 입고 다녔던 소녀 같은 스타일의 옷은 모두 어머니가 손수 지어주었습니다. 검소함이라는 생활신조는 어머니가 제게 물려준 귀중한 유산이에요."라고 말한다.

여성은 바깥일을 해서는 안 된다는 경상도 남자의 고집을 이기지 못한 점도 있었지만, 이영숙은 자신이 이루지 못한 꿈을 맏딸 박영선을 통해 실현하고자 했던 우리 시대 보통 어머니의 모습 그대로였다.

"제가 이렇게 여성으로서 사회생활을 하게 된 것은 어머니의 영향이 컸습니다. 진로나 미래 선택에서 어머니는 항상 제 편이었고 꿈을 불어넣어 주셨어요. MBC에 입사한 1983년 여름 어머니를 모시고 강릉 경포대에 간 일이 아직도 기억에 생생합니다. 우리 가족의 첫 나들이였습니다. 어머니는 제가 방송사에 취직한 것을 정말 기뻐하셨어요."

그러고 보면 박영선의 어머니 이영숙은 한국 현대사의 표상 같은 삶을 살았다고 할 수 있다. 전쟁통에 피난 내려와 타지에 터전을 잡고 가정을 이루었고, 근대화가 진행되던 시기에 상경해 기반을 닦으면서 억척스럽게 자식을 키워낸 우리 시대 보통 사람들의 행로를 그대로 보여준다. 성실하게 땀 흘리며 생을 감당해내면서 국가 발전에 기여한 민초들의 모습 말이다.

"북녘의 고향을 두고 온 어머니는 그래도 늘 외로운 분이었어요. 개성에서 남하한 가족과 형제들은 서울에서 살다가 모두 미국으로 이민을 갔습니다. 당시 분위기가 그랬어요. 미국에 가면 북녘 고향에 갈 수 있는 길이 열리지 않을까 하는 기대감에서였어요. 하지만 어머니는 홀로 한국에 남았습니다."

박영선은 미국 로스앤젤레스 특파원으로 재직하던 때 어머니를 미국으로 불렀다. 이영숙은 미국에서 자리를 잡고 있던 외가 친척들과 즐거운 시간을 보내며 무척이나 기뻐했다. 텍사스 오스틴대학교 의과대학 교수로 재직하며 참전 기록인 〈학도병 일기〉를 남긴 삼촌과도 해후했다. 하지만 친지들과 즐거운 시간을 보내는 동안 더욱 생생하게 되살아나는 망향의 그리움을 애써 감추려는 어머니의 모습을 보면서 딸 박영선은 마음이 아팠다.

다행히도 이영숙은 그렇게도 그리던 고향인 개성을 방문하는 꿈을 이루었다. 개성공단이 가동될 무렵에 개성 지역 고향방문단 프로그램이 있었는데, 여기에 참여할 기회를 얻었던 것이다. 이영숙이 살던 기와집은 자남여관으로 변해 있었다. 문을 열고 안을 들여다보고 싶었지만 안에서 들어오지 못하게 해 발길을 돌리고 말았다. 지금 개성공단은 폐쇄되었고, 남북관계는 경색과 해빙 국면을 반복하고 있다.

박영선의 통일에 관한 인식은 많은 부분이 어머니 이영숙의 경험에 기초하고 있다. 전쟁이 결국 우리를 황폐하게 만들 것이라는 박영선의 지론도 여기에서 출발한다. 박영선은 어머니와 외가를 통해 전쟁의 참상을 뼛속 깊이 새겼고, 평화의 중요성을 명확하게 인식하고 있다. "평화가 모든 것을 할 수는 없으나 평화 없이는 아무것도 못한다."는 독일의 전 총리 빌리 브란트의 명언을 되뇌는 이유도 같은 맥락에서다.

딸이 이렇게 성공적인 정치인이 된 것을 어머니가 자랑스러워하지 않느냐는 질문에 박영선은 고개를 가로저었다. "방송할 때와 달리 세파에 시달리는 정치인 딸의 모습에는 손을 내젓는다."고 한다. 그게 어머니의 마음일 것이다. 어머니는 딸이 그저 평온하고 안정된 삶을 살아가기를 바라고 있다. 그게 우리 시대를 일군 어머니들의 철학이다. 우리 시대의 어머니들은 그래서 위대하다.

::

대학 시절

박영선은 유신 정권 말기부터 1980년대 초, 극도로 혼란스러웠던 시기에 대학 시절을 보냈다. 유신 체제가 종말을 고하고 신군부가 들어섰던 격동의 시간이었다. 대학가에서는 연일 시국 데모가 끊이지 않았고, 학교는 휴업을 하기 일쑤였다. 학생들은 거리로 나가 투쟁했다. 적극적이었느냐 소극적이었느냐 하는 정도의 차이는 있을지언정 당시의 대학생이라면 누구나 한 번쯤은 시국 데모에 가담하여 정부를 규탄하고 저항의 흐름에 몸을 실었다.

당시 경희대학교에 다니던 박영선은 학생운동에 적극적이지 못했다. 데모가 벌어지면 대열에 합류해서 구호를 외치기는 했지만 무서운 호랑이 아버지 때문에 앞장설 수는 없었다. 그렇다고 방관하기만 한 것은 아니었다. 휴교령이 내려진 스산한 캠퍼스의 도서관에 학생들이 모여 시국토론회를 열 때면 자리를 차지하고 앉아 경청했다. 진보적 성향을 가진 대다수의 국회의원이 학생 시절에 정치투쟁을 했던 경험과 인연으로 정치에 입문했다. 박영선은 처음부터 그들과는 다른 길을 걸었다. 정치에 입문하기 전에는 정치와 무관했던 독일 메르켈 총리의 학창 시절과 흡사하다.

세상사에 관심이 많았던 박영선이 왜 학내 정치 활동에 적극적으로 참여하지 못했을까? 굳이 이유를 대자면 엄격한 아버지 때문이었다. 박영선은 아버지를 두고 "박물관에 모셔도 될 만큼 완고하고 고집 센 사람"이라는 평가를 서슴지 않는다. 결례나 불효가 아니다. 아버지에 대한 아쉬움의 완곡한 표현이다.

경상도 사나이인 아버지는 완고한 원칙주의자였다. 9시 통금은 박영선이 반드시 지켜야 할 철칙 중의 하나였다. 무슨 일이 있더라도 9시 전에는 귀가해야 했다. "가시내가 밤늦게 돌아다니는 꼴을 용납하지 않는 갑갑한 아버지"였다. 하지만 정치적 지역색은 없었다. 박영선은 아버지가 경상도 출신이면서도 투표소에서는 항상 김대중을 찍었노라고 은근히 자랑 아닌 자랑을 하고는 한다.

박영선의 대학 시절에서 **빼놓을** 수 없는 것이 방송이었다. 그는 서소문에 위치한 TBC^{동양방송. 전두환 정권의 언론 통폐합으로 인해 훗날 문을 닫는다}에서 퀴즈 프로그램의 문제를 읽어주는 아르바이트를 했다. 수입이 짭짤했다. 월 20만 원 정도였으니 당시 학생의 벌이로는 꽤 큰돈이었다. 이 돈은 박영선의 호주머니에 통째로 들어가지 않았다. 아르바이트를 하고 나면 방송국을 나와 시청 앞으로 향했다. 그곳에서 데모를 하고 있는 동료들을 찾아가 거리에서 구호를 외치고 있던 친구들과 치킨과 맥주를 같이했다. 당시의 대학생 문화에서 치맥 조합은 매우 격조 높은 메뉴였다.

박영선에게는 늘 왠지 모를 미안함이 있었다. 호랑이 같은 아버지가 정해놓은 통금 시간 때문에 늘 귀가를 서두른 탓에 학생운동에 적극적인 친구들이나 선배들과 충분한 시간을 같이하지 못했다는 미안함이다. 이러한 심경은 그가 2004년 열린우리당에 입당하여 정치 입문을 할 때의 소회에서도 그대로 드러난다. 그는 무언가 빚을 갚아야 한다는 책무감에서 정치를 시작한다고 밝혔다. 엄혹한 시절 아스팔트를 책상 삼아 열성적으로 투쟁 구호를 외치던 동년배들에게 늘 미안했다. 2004년 총선 선거 방송에 나서서도 그는 이 대목을 유난히 강조했다.

경희대학교 학생 박영선의 전공은 지리학이었다. 특히 도시지리학에 매력을 느꼈다. 유학을 떠나 공부를 더 해서 교수가 되고 싶다는 꿈도 있었다. 교수가 된다는 것은 경상도 출신 아버지가 딸에게 바라는 가장 이상적인 모습이기도 했다. 경희대학교 지리학과에서 내리 장학금을 받을 정도로 성적도 우수했다. 여기서 잠깐 박영선의 말에 귀 기울여보자.

"고교 시절 2학년 때까지 잘하다가 3학년 때 방송반 활동을 하느

방송반 활동을 하던 수도여고 시절. 방송과의 인연은 어린 시절부터 만들어진 것이었다.

라 공부를 게을리하는 바람에 원하는 대학에 가지 못했어요. 아버지
가 무척 서운해하셨어요. 그에 대한 반작용으로 대학 때 정말 열심
히 공부했습니다."

　박영선은 고등학교 3학년 때 MBC에서 아르바이트를 했다. 방송
사와 천생연분의 인연이 있었던 걸까, 아니면 일찌감치 자신의 자
질을 깨달았던 걸까? 남들이 열심히 공부하는 3학년 때 방송국 아
르바이트라는 '외도'를 하는 바람에 성적이 곤두박질쳤다. 결국 원
하는 대학에 진학하지는 못했지만, 평생의 업이 된 방송과의 인연
은 그렇게 또 연결되었다.

　아무튼 박영선은 꿈의 출발점인 유학을 실현하기 위해 착실하게

준비했다. 그래서 토플 공부를 열심히 했다. 토플 공부를 하는 학생이 그리 많지 않던 시절이었다. 유학의 꿈은 이루지 못했지만, 이때의 준비가 훗날 미국 특파원으로 종횡무진 활약하며 아카데미 시상식을 취재하고 만델라를 비롯한 세계적 유명인사와 영어 인터뷰를 진행하는 밑거름이 되었다.

운명은 예정되어 있었던 것일까? 방송에 대한 애착과 미련을 버리지 못한 박영선은 졸업 무렵 방송사 문을 두드려보았다. KBS에 합격했다. 유학과 방송 사이에서 갈등하던 박영선은 지도교수인 경희대 지리학과 원학희 교수를 찾아갔다. 방송사 시험에 합격했는데 어떻게 하면 좋겠느냐고 상의했다. 원 교수는 주저 없이 방송사 입사를 권하면서 이렇게 말했다. "교수는 고독과 싸우는 직업이야. 네성격이 외향적이니 방송이 더 어울릴 것 같구나."

사실 원학희 교수의 그 말은 박영선이 기대했던 것은 아니었다. 유학을 권유하는 교수님의 말씀을 밑천 삼아 유학을 떠날 작정이었다. 그런데 원 교수는 동업자의 길을 가려는 제자에게 새로운 길로 가라고 조언했다. 그래서 그 조언이 더욱 진심으로 다가왔다. 결국 박영선은 방송의 길을 택한다. 아버지의 바람과는 다른 길이었다.

사실 박영선에게 방송은 오랫동안 준비해온 익숙한 업이었다. 어머니 손을 잡고 찾아간 남산 KBS의 아기 노래단원부터 시작해 고교 시절 방송반 활동, 대학 시절 방송사 아르바이트 등으로 이어지는 일련의 과정들은 '방송인 박영선'을 예고하고 있었다. 결과론적인 해석일지 모르나, 훗날 박영선이 방송 현장에서 뛰어난 역량을 발휘한 점을 보면 방송이 그의 천직이고 일찍부터 그 재능을 보여주었던 것이라고 할 수 있다.

다른 한편으로 생각하면 박영선은 대학 시절에 자신이 지닌 재능을 제대로 발휘하지 못한 채 눌려서 지낸 것일 수도 있다. 누가 보더라도 그 당시의 박영선은 '부모 말씀 잘 듣는 모범생'이었다. 하지만 그는 대학 시절에 끝없이 도전했고 아픈 시대를 어떻게 지나야 하는지 성찰하고 내면화했다. 그 도전과 성찰이 박영선을 뛰어난 방송인으로 만들었고 정치인이 되는 동력으로 작용했으며, 계속 앞으로 나아가도록 만드는 채찍질이 되어주고 있다. 과거에 학생운동을 했던 경력에 안주하여 현실정치에서는 그다지 성과를 내지 못하는 정치인이 부지기수다. 정치는 당장 닥친 현실의 문제와 씨름하는 것이다. 학생운동과 현실정치 사이의 도식화된 접근법에서 이제는 벗어날 때가 되었다. 전문화되어가는 세상에서 정치도 전문가를 요구하기 때문이다.

전문적 역량 없이는 정치 역량을 제대로 발휘할 수 없기에 현실정치에는 반드시 전문가도 필요하다. 박영선은 초선 의원 시절부터 재벌 개혁, 검찰 개혁에 앞장서며 기득권과 맞서는 개혁 입법을 위해 어느 누구 못지않은 열정으로 뛰어왔다. 박영선은 16년간 국회의원으로서 계속 진화해왔을뿐더러 중소벤처기업부 장관으로서 임무를 매우 잘 수행해냈으며, 앞으로도 진일보한 걸음을 계속할 것이다.

::

춘천 KBS에서의 1년

서울 동대문구 마장동은 우시장이 유명하다. 마장동이라는 이름이 거기에서 유래했다. 마장동에는 또 시외버스 터미널이 있었다. 지금은 터미널이 상봉동으로 이전했지만, 강원 지역으로 향하는 버스가 이곳에서 출발했다. 마장동 시외버스 터미널은 박영선으로서는 잊을 수 없는 장소이기도 하다. 꼬박 1년 가까이 춘천까지 오간 험난한 출퇴근 길의 출발점이었기 때문이다.

1982년 사회에 진출한 박영선의 첫 직장이 춘천 KBS 방송국이었다. 대학을 졸업한 뒤 곧바로 KBS에 입사한 그는 춘천으로 발령을 받았다. 당시만 해도 젊은 취업생이 지방으로 내려가는 것을 순순히 받아들이는 분위기가 아니었다. 하지만 선택의 여지가 없었기에 그는 순응했다. 연세대학교 뒤편 연희동 언덕배기에 살던 박영선에게 출퇴근

길은 길고 긴 행군길이나 다름없었다.

연희동을 출발해 신촌을 지나고 종로통을 거쳐 제기동에서 마장동으로 향하는 환승 코스는 하루를 시작하는 숨찬 통과 의례였다. 미명도 깃들지 않은 새벽 4시에 집을 나서 춘천 KBS에 도착하면 8시 반이었다. 출근에만 하루 4시간 반을 쏟아부어야 했다. 회사에서 근무하는 시간보다 출퇴근 시간이 길었으니, 정상이라 할 수 없었다. 퇴근 후의 소소한 취미 생활이나 친구와의 만남 등 일상적인 일은 생각할 겨를조차 없는 리듬이었다.

서울에서 춘천으로 이어지는 경춘선은 낭만의 길로 묘사되고는 한다. 굽이치는 길을 따라 건너편 강변 마을이 보이고 시원한 물줄기가 동행하기를 반복하는 경춘가도는 예나 지금이나 멋진 풍광을 자랑한다. 북한강을 따라 펼쳐지는 산과 강의 어우러짐은 독일 라인강변 드라이브 코스 못지않다. 박영선 역시 '강 안개가 매일 아침 나를 휘감았다.'고 풍경의 백미를 회고했다. 청춘들이 즐겨 찾는 낭만의 데이트 코스다. 마석-청평-가평-춘천에 이르는 도로는 지금이야 4차선에 고속도로까지 놓였지만 당시만 해도 2차선이 고작이었다. 그래도 새벽잠이 덜 깬 몽롱한 눈빛 속으로 파고드는 강변의 모습은 지친 일상을 종종 위로해주는 듯했다.

8시 반에 춘천 KBS에 도착하면 사무실은 정적에 싸여 있었다. '돼지국장'이라는 별명이 붙었던 직속상관 최 국장은 박영선이 퇴사할 무

렵에야 그가 서울에서 출퇴근했다는 사실을 알았다고 한다. 호반의
도시 춘천은 그렇게 20대 청춘 박영선을 맞았다.

그렇지만 박영선의 열정과 도전은 멈추지 않았다. 신출내기 아나운
서였지만 야무지게 방송을 했다. 신참이었지만 발군이었다. 그는 춘천
KBS에서 프로그램을 맡았는데, 경륜이 배어나는 방송 스타일이 일품
이었다. 훗날 박영선이 한국 방송사상 여성 최초로 단독 프로그램을
진행하고 메인 여성 앵커가 된 데에는 이런 배경이 있었다.

당시 그는 음악 프로그램을 맡아 진행했는데, 지역 특성상 군인 청
취자가 많았다. 박영선은 동년배 군인 아저씨들 사이에서 지금으로
말하면 '인기 짱'이었다. 편안하고 푸근한 그의 목소리는 변방에서 보
초를 서는 군인들에게 청량제 같은 벗이자 그리움을 달래주는 애인
이었다. 박영선은 군인들의 심금을 울리기도 하고 위로해주기도 하는
얼굴 없는 천사였다.

방송 녹음에 몰두하다 보면 서울로 가는 버스를 놓치기 일쑤였다.
교통편이 발달했던 시절이 아니어서 그런 날은 서울 가는 일이 불가
능했다. 그때 따스한 안식처를 마련해주었던 이들이 이규현 PD와 오
상현 신부였다. 지리적 여건상 눈이나 비가 많이 내린 날에는 출퇴근
이 불가능했는데, 그때도 두 사람이 잠자리를 마련해주었다. 천주교
춘천교구 소속의 오 신부는 박영선의 프로그램에 출연한 게스트였다.
오 신부의 위로와 은혜의 말씀은 국군 장병들에게 큰 힘과 위안이 되
었다.

박영선은 원래 춘천에서 하숙을 했다. 후평동의 작은 집 문간방에서 3개월을 지냈다. 많이 추웠던 겨울, 첫 객지 생활이 시작되었다. 허나 경상도 사나이인 아버지는 박영선이 타지에서 하숙하는 것을 오래 두고 볼 수 없었다. 과년한 딸이 객지에서 혼자 지낸다는 사실을 받아들이지 못했다. "시집도 안 간 아가 무슨 하숙이냐."며 박영선을 닦달했다. 결국 박영선은 잠시 하숙을 접고 새벽 4시에 출근하여 10시에 퇴근하는 출퇴근 기계가 되어버렸다. 박영선은 "외모는 참으로 부드러운 분인데 그런 점에서 아버지는 완전 꼴통 경상도 남자"였다고 말한다. 직장도 먼데 아버지까지 도움이 안 되는 형국이다 보니 사회 초년생 박영선의 첫 직장 생활은 그야말로 고난의 연속이었다.

　그래도 박영선은 외롭지 않았다. 위안과 힘이 되어준 인물이 또 있었다. 중학교 때 선생님이 강원대학교 교수로 부임해 춘천에 살고 있었다. 사제의 춘천 상봉은 박영선에게 오아시스요, 위로였다. 피천득의 수필 〈인연〉을 떠올리게 하는 아련한 장면이다. 〈인연〉의 고향도 춘천이다. 박영선은 "〈인연〉의 피천득 선생님처럼 나의 선생님도 이름이 피정만으로 같은 성씨여서 참으로 묘하다."라고 말하고는 했다.

　박영선은 나중에 피정만 교수를 국회로 초청해 같이 밥을 먹었다고 한다. 당시 박영선에게 영혼의 스승이 되어주었던 춘천의 오 신부 역시 근 30년 만에 해후했다. 작은 성당에서 오 신부는 인자한 모습으로 박영선을 맞아주었다.

　박영선과 춘천의 인연은 지금도 진행형이다. 인연의 소중함은 박영선을 이루는 귀한 자산으로 내면화되어 있다.

고달픈 춘천 생활이 가을로 접어들면서 박영선의 고민이 깊어졌다. 해가 점점 일찍 떨어져 6시 퇴근길은 칠흑 같은 어둠에 싸였다. 어둠에 잠긴 북한강변을 바라보는 마음도 그리 편치 않았다.

박영선은 퇴근길 버스에서 휴대용 녹음기의 이어폰을 낀 채 〈민병철 생활영어〉를 들었다. 민병철은 당시 영어 회화의 최고 인기 강사였다. 박영선은 회화 테이프를 넣고 반복적으로 들었다. 배우려는 근성이 그때도 남달랐다. 훗날 세계의 저명인사들과 영어 인터뷰를 할 수 있었던 것도 이 당시의 노력 덕택이었다고 박영선은 회고한다.

회화 테이프를 듣다 보면 어느새 마석의 고갯마루를 넘었고, 저 멀리 서울의 불빛이 다가온다. 가슴이 뛴다. "나도 모르게 그 불빛만 보면 설레었다."고 박영선은 말한다. 매일 귀가하면서 보는 불빛인데도 그 불빛은 집으로 돌아간다는 신호였기에 가슴이 설레었다.

박영선은 자신도 모르는 사이 서울행을 꿈꾸고 있었는지도 모른다. 세상일이 그렇듯 그날이 왔다. 박영선은 본능적으로 전화기 다이얼을 돌렸다. 서울 MBC에 문의하기 위해서였다. MBC는 지방 발령이 없다는 답변을 들었다.

그는 결심했다. 마침 MBC 채용공고가 떴다. 그는 직속상관인 최 국장에게 아파서 서울의 병원에 간다고 둘러대고는 MBC에 시험을 보러 갔고, 공채 아나운서 시험에 당당히 합격했다. 지금도 그렇지만 당시에도 아나운서가 되는 것은 바늘구멍 통과하는 것만큼이나 힘들어서 경쟁률이 500대 1이었다. 1982년 가을이었다. 덕수궁 정동길에 낙엽이 뒹굴며 찬바람이 소슬하게 옷깃을 여미게 만들던 계절의 뒤안길 무렵이었다.

KBS를 그만둘 당시의 일화가 있다. 박영선의 MBC 이직 소식을 접한 KBS 보도본부장 강용식이 전화를 걸어왔다. 예나 지금이나 위세당당한 보도본부장이 신입사원에게 직접 전화를 건다는 것은 이례적인 일이다. 방송 귀재였던 강용식은 그만큼 박영선의 저력을 알아보고 있었던 셈이다. 강 본부장은 중요한 제안을 하며 KBS에 남아줄 것을 간청했지만, 박영선은 이미 MBC에 합격하고 마음을 굳힌 상태였다.

박영선의 춘천 생활은 1982년 10월에 끝나고 곧바로 서울 생활이 시작되었다. 새롭게 시작한 일 역시 방송이었다. 박영선의 인생에서 방송은 숙명이었던 것이다.

MBC는 그의 직업 인생에서 대전환의 터닝포인트였고 중요한 선택이었다. MBC는 춘천에서 1년간 담금질을 한 박영선이 마음껏 실력을 펼칠 수 있도록 예비된 직장이었다.

박영선과 전여옥

박영선이 KBS에서 근무하던 시절과 관련해 빼놓을 수 있는 인물이 전 국회의원 전여옥이다. 박영선과 전여옥은 둘 다 방송 기자 출신 국회의원이라는 비슷한 이력만큼이나 경쟁의식이 강했다. 방송 기자 시절 박영선은 MBC에서, 전여옥은 KBS에서 당대를 풍미했다.

박영선과 전여옥은 사실 KBS 입사 동기다. 1981년 입사한 뒤 박영선은 춘천으로, 전여옥은 청주로 발령을 받으면서 지방으로 내려간다는 동병상련을 겪었다. KBS 입사 초기에 두 사람의 관계는 입사 동기 그 이상도 이하도 아니었지만, 시간이 흐르면서 두 사람 사이에 묘한 기류가 흘렀고 일종의 경쟁구도가 형성되었다. 왜 이런 양상이 펼쳐졌는지 잠시 두 사람의 연결 고리를 따라가 보자.

박영선이 춘천 KBS를 퇴사하고 MBC로 이직할 당시 KBS 강용식 보도본부장이 박영선을 붙잡기 위해 제안했던 프로그램이 〈여기자 세계 여행〉이었다. 이 프로그램은 결국 KBS에 남은 전여옥에게 돌아갔다. 그 덕분에 전여옥은 청주 근무를 마치고 서울로 올라와 〈여기자 세계 여행〉이라는 프로그램을 제작했다. 세계를 돌아다니며 다양한 양식의 교양 프로그램을 선보였는데, 해외여행이 자유롭지 않았던 1980년대 초반이었기에 시청자들로부터 많은 인기를 누렸다. 이런 가정이 가능하리라. 만약 박영선이 강용식 보도본부장의 제의를 받아들여 KBS에 남아 그 프로그램을 제작했다면 전여옥의 인생도 달라졌을 것이라고.

이후 박영선은 뛰어난 방송 감각으로 방송 시대의 새로운 지평을 열었다. MBC로 이직한 뒤 '한국 최초 여성 메인 앵커'라는 타이틀을 거머쥐는 한편 문화과학부 기자로 배치되어 기자로서의 명성을 쌓았다. 1980년대 초 TV 뉴스는 컬러텔레비전 시대의 개막과 함께 새롭게 부상하며 시청자들로부터 뜨거운 주목을 받았다. 기자들이 TV 화면에 등장하는 스탠드업^{stand up}은 시청자들에게 신선한 흥미를 주었고, 기자 이름을 각인시키는 계기가 되었으며, 스타 기자의 탄생을 예고했다. 신문 독자들이 기사를 쓴 기자의 이름을 기억하듯 이제는 방송 기자의 이름과 존재에도 주목하게 된 것이다.

그런데 컬러 방송 초창기여서 기자들이 스탠드업을 잘해내기란 쉬운 일이 아니었다. 하기는 하는데 어딘지 모르게 어색했다. 반면에 박영선은 스탠드업을 참 잘해냈다. 자연스러운 포즈로 화면에 등장하는 것도 신선했고, 리포트 능력 역시 다른 기자들을 압도했다.

당시만 해도 TV의 문화 뉴스는 신문에 비해 영향력이나 소구력^광
고가 시청자나 상품 수요자의 사고나 태도에 미치는 힘이 약한 편이었다. 따라서 미디어 문화 권력을 신문 매체가 장악하고 있었는데 박영선의 등장으로 변화하기 시작했다. TV 문화 뉴스의 스타일과 격조를 한 단계 격상시켰던 것이다. 공연이나 전시회 소식을 맛깔나게 전하는 솜씨는 가히 일품이었다. 컬러 TV 시대의 영상문법에 맞는 새로운 양식의 TV 문화 뉴스로 시청자들의 눈을 사로잡았다.

MBC에서 박영선이 기세를 올리는 동안 KBS에서는 전여옥이 이 흐름을 이끌었다. 박영선이 9시 뉴스에 나오면 이에 뒤질세라 전여옥이 TV의 다른 채널에 등장했다. 경쟁이 가속화되는 형국이었다. 양대 방송사의 두 문화부 기자가 벌인 경쟁 양상은 양과 질에서 TV 문화 뉴스의 새로운 지평을 열었다 해도 과언이 아니다.

박영선은 미국 로스앤젤레스에서 특파원을 역임했고, 전여옥은 도쿄 특파원을 지냈다. 커리어의 동선이 참으로 유사하게 형성되었다. 그 유사성은 정치 현장으로까지 이어졌다.

2004년 박영선은 당시 막 창당한 열린우리당 대변인으로 영입되면서 혜성같이 정치판에 등장했다. 대변인 때문에 열린우리당 지지도가 상승한다는 말이 나올 정도로 박영선 대변인의 신선한 코멘트와 간결한 논평은 크게 화제가 되었다. 그런데 정치판이란 항시 구도를 형성하는 특성이 있는 바 열린우리당이 올리고 있는 개가를 한나라당이 그냥 지나칠 리 없었다. 한나라당은 차기 총선을 앞두고 전여옥을 대변인으로 영입해 맞불 작전을 펼쳤다. 대변인 전여옥 역시 세간의 주목을 받았다.

이후 정치 환경의 변화 속에서 전여옥은 정치 세계를 떠났다. KBS 입사 동기생 박영선과 전여옥, 이 두 사람이 지금 다시 만난다면 어떤 이야기를 가장 먼저 꺼낼까?

::

쉬운 언어

MBC가 정동에 있던 시절 보도국 외신부 뒤쪽에 작은 녹화대가 있었다. 당시 밤 9시 뉴스의 말미에 〈보도국입니다〉라는 단신 종합 코너를 내보냈다. 뉴스를 한 줄 내지는 두 줄로 요약해서 소개하는 코너였는데 녹화를 하여 제작했다. 이 코너의 젊은 앵커가 정동영과 신경민이었다. 박영선의 선배들이고 방송 뉴스에 일가견이 있는 실력자들이었다. 정동영과 신경민은 고등학교와 대학교 동문인데, 훗날 둘 다 국회의원이 되어 의회에 진출했다는 점이 흥미롭다.

박영선은 보도국 녹화가 끝나면 이들의 원고를 가져가 꼼꼼히 읽고 또 읽었다. 정동영과 신경민은 기자로서의 취재 능력이 뛰어났고 필력도 출중했다. 간결한 언어로 전달하는 방송 문장은 언론 종사자의 교범이라 할 수 있었다. 신참내기 박영선은 이들을 본받고자 녹화가 끝나기 무섭게 누런 원고지 기사 용지를 편집 2부 책상으로 가져가 세심하게 검토하면서 방송 문장을 어떻게 써야 하는지 '벤치마킹'했다.

이것이 박영선의 장점이다. 배우려는 의지가 강하다. 자신의 부족함을 겸허하게 받아들이고 결국에는 자신의 것으로 승화하는 전환 능력은 가히 압권이다. 기자 초년병 시절뿐만 아니라 중견 기자가 되어서도 박영선은 그 자세를 일관되게 유지했다.

이런 기억이 있다. KTX가 개통되는 역사적인 순간을 앞두고 광명역에서 생방송이 잡혔다. 회사에서는 박영선을 중계차의 앵커로 내보냈다. 박영선은 여러 날 고민을 거듭하면서 멘트를 다듬었다. 사실 내가 보기에는 그 정도로도 충분했다. 그런데도 박영선은 무언가 핵심이 빠진 듯하다며 다시 한 번 봐달라고 필자에게 원고를 가져왔다. 키워드 두어 개를 보완해서 건넸고, 박영선은 다시 문맥을 다듬은 뒤 마이크 앞에 섰다. 방송이라는 것은 말재주만으로 이루어지는 것이 아니다. 방송 원고가 좋아야 멘트가 빛을 발한다. 박영선은 각고의 노력을 기울인 끝에 자신만의 '방송 언어'를 만들어낸 것이다.

박영선이 다른 기자보다 필력이 뛰어난 편은 아니었다. 그렇지만 그의 입을 통해 전해지는 앵커 멘트와 방송 기사의 간결하고 명료한 언어는 타의 추종을 불허한다. 박영선의 입과 혀를 타고 흐를 때 말은 아주 쉽고 편안하게 변주되어 시청자에게 다가간다. 많은 사람들이 박영선의 말솜씨를 타고난 재주라고 여긴다. 그것은 틀린 말이

박영선의 뛰어난 언변은 타고난 재능에 노력이 더해진 결과다. 지금도 그는 국민과 소통하기 위한 언어와 문장을 다듬는 데 많은 공을 들인다.

아니다. 그런데 한 가지가 더 있다. 정확하게 이야기하자면 선천적인 재주로 말을 잘할 뿐만 아니라 '쉽게' 한다.

말을 쉽게 한다는 것은 어떤 의미일까? 문장 소화력이 좋고 이해도가 높다는 뜻이다. 잘 모르면 횡설수설하게 되어 있다. 언론학 교과서에 보면 짧게 쓰고 말하듯이 쓰라고 하는데 그 전형이 박영선이다.

박영선의 쉽고 간결한 언어는 정치에 입문해서도 빛을 발했다. 열린우리당 대변인 시절 그의 쉽고 간결한 논평은 귀에 화살처럼 꽂혔다. 만연체로 늘어지는 법이 없으니 중간에 말허리를 잘라낼 일이 없었다. 정치에 입문한 뒤 박영선은 수없이 방송에 출연했고 인터뷰에 응했다. 그가 아침 라디오 프로그램에 출연해서 진행자의 질문에 응대하는 답변을 들어보면 생방송인데도 문장이 완벽하다. 필요 이상으로 문장이 길어지거나 늘어지지 않고 간투사_{놀람이나 감동 따위의 느낌, 부름이나 대답 등을 이르는 말}가 들어가 맥락이 혼란을 겪는 법이 없다. 옮겨 적어놓으면 그대로 글이 된다. 방송 작가 이선주는 "박영선 의원은 방송 제작자 입장에서 섭외 1순위입니다. 생방송의 생리를 너무나 잘 알뿐더러 진행에 무리가 없어 물 흐르듯 진행이 가능하니 청취자와의 호흡도 좋습니다."라고 말했다.

정치 언어의 귀재라 할 수 있는 박지원 국정원장은 박영선처럼 말을 쉽게 하는 정치인은 없다고 칭찬한다. 이는 박영선을 향한 정치적 수사로서의 칭찬이 아니라, 진짜 실력을 인정한다는 진심을 담은 코멘트다.

정치는 언어다. 정치 행위의 대부분은 언어로 표출된다. 시장에 가서 소통해야 하고 공약을 발표해야 하고 정견을 밝혀야 한다. 정치인으로서 갖추어야 할 자질이 여럿 있지만 언어 표현 능력은 매우 비중이 큰 자질이고, 그것은 한국 정치인의 과제이기도 하다. 언어 소통이 제대로 안 되는 국회의원이 많다. 시청자들이 보면서 저 사람이 국회의원 맞느냐고 의문을 제기할 만큼 둔한 이들도 많다. 이러한 지적에는 소통이 되지 않는다는 유권자의 불만이 담겨 있다. 박영선이 말을 쉽게 잘한다는 것은 대중과 소통하는 능력이 뛰어나다는 의미이고, 실제로도 그렇다.

박영선의 언어는 쉬울 뿐만 아니라 절제가 있다. 그의 정치적 멘트를 살펴보면 일단 마음에 남는다. 그것은 박영선 언어의 특징인 간결함과 자제에서 비롯된 것이다. 상황을 부풀려서 허장성세하게 묘사해야 하는 대목에서도 그의 언어는 절제되어 있다. 극단적인 언어를 사용해 상황을 한쪽으로 몰고 가려 하거나 정치적 선전에 활용하려는 의도가 없기 때문이다. 극적인 표현을 자제하지만, 간결한 만큼 문제의 핵심에 비수처럼 다가간다. 그래서 결과적으로 강해진다. 의원 시절 청문회장에서 박영선의 질의가 날카롭게 여겨졌던 것은 이러한 언어적 특성에서 기인하는 점이 크다. 간결하고 쉽게 정곡을 찌르면 시청자의 귀에 꽂히게 되어 있다. 화려한 수식의 마술사가 아니라 의표를 찌르는 마술사다.

"아기가 엄마의 말을 12,000번 넘게 들어야 비로소 그 단어를 말한다고 합니다. 귀에 익어야 마음에 전달되는 법이에요. 요즘에도 아침마다 라디오 뉴스를 모니터링합니다. 끊임없이 생각하고 반복하는 과정을 통해 내 언어가 표출되는 것 같아요."

박영선의 쉬운 언어는 특히 정치 현장에서 환영받는다. 과거 지역구 구로동 시장에서 박영선의 소통 방식은 이웃집 아줌마의 소통 방식 그 자체였다. 정치 현안에 관한 이야기를 쏟아낼 때도 지역구민이 어려워하거나 헷갈려할 단어는 단 하나도 없었다. 가장 친근한 언어로 대화했다. 말이 쉬워지면 자리가 편안해진다. 어휘나 표현이 쉬우면 거드름이나 가식이 줄어드는 게 상식 아닌가. 꼼수가 있을

청문회와 국정감사에서 그가 돋보였던 이유는 자극적인 표현 때문이 아니라, 핵심을 찌르는 날카롭고도 간결한 질의 때문이다.

때 장황해지고 비틀어 이야기하는 것 아니겠는가.

박영선은 긴 세월의 절차탁마를 통해 쉬운 언어, 공감 언어로 우리 곁에 다가온 것이다. 석공이 비문을 다듬듯이 부단한 노력을 한 결과다. 정치인 생활을 하면서 언어에 대한 그의 공력은 더욱 깊어졌다. 국정감사 현장에서는 피감 기관의 공무원들이 장황한 수치와 자료로 무장한 채 핵심을 피해 가려는 일이 허다하게 벌어졌다. 박영선은 그런 자료 속에서도 핵심을 찾아내고 간결한 헤드라인을 뽑아냈다.

어느 해 국정감사에서 통계청이 장황한 통계수치 자료를 제시했다. 박영선은 이를 휴먼 팩터^{human factor, 전문화된 시스템과 데이터를 인간에 최적화시키기 위한 연구 분야} 관점에서 우리 실생활이 반영된 통계수치로 전환하고는 간결한 언어로 정리해 통계청장을 머쓱하게 만들었다. 그렇게 해서 물가지수 관점에서 보면 한국전력이 전기료를 올리지 않은 것처럼 보이지만 국민 입장에서 바라보면 전기료가 인상되었다는 사실을 간결하게 도출해냈다. 통계청의 수치가 엉터리라는 점을 부각시켰고, 언론은 이를 크게 받아 적었다. 장황한 통계청 자료에는 별 관심을 안 보이던 언론이 쉽고 간결한 언어로 상황을 정리해놓으니 덥석 문 것이다. 이 역시 국민 입장에서 쉬운 언어를 선택하려는 노력에서 나온 것이다. 몇 날 며칠을 고민해서 얻어낸 산물이다. 부처의 수장이 된 후에도 마찬가지였다. '연결의 힘', '자상한 기업', '가치삽시다' 등 부처의 철학과 정책을 국민들의 마음에 각인되는 쉬운 언어로 제시했다.

박영선은 쉬운 언어로 국민과 소통하기 위해 영화를 즐기고 책도 부단히 읽는다. 휴먼 팩터도 〈허드슨강의 기적〉이란 영화에서 영감을 얻었다. 국민과 쉽게 소통하려면 쉬운 언어가 필요하고, 쉬운 언어를 선택하기 위해서는 통찰과 적절한 관점이 필요하다. 박영선은 시장에 갔다고 해서 일부러 꾸며서 말하지 않는다. 그저 평소 쓰던 언어를 그대로 쓴다. 정치적 포장이나 레토릭이 삭제되어 있다.

지금까지 걸어온 그의 여정이 재주로만 이루어진 것이 아니라 부단한 노력의 결과라는 점에서 많은 사람이 공감한다. 내가 말을 편하게 해야 상대방도 편안하게 다가온다. 지도자는 말이 간결하고 명확해야 한다. 말장난으로 국민을 호도해서도 안 되고 상황을 왜곡해서도 안 된다. 지도자에게 쉬운 언어로 자신의 생각을 전달하는 것은 필수적으로 갖추어야 할 능력이다.

우리 정치판에서 고성과 고함이 난무하는 이유가 뭘까? 그것은 의원들의 언어 구사 능력이 결핍되어 있기 때문이다. 박영선의 친절하고 쉬운 언어 화법은 한국 정치의 모범적인 경우라고 평할 수 있다.

::

〈경제 매거진〉 그리고 정운찬

그날은 비가 세차게 내렸다. 일기예보는 장마전선이 북상 중이라고 했다. 2002년 7월 22일이었다.

박영선은 서울대학교 총장을 인터뷰하기 위해 오후 1시 30분경에 서울대학교 관악 캠퍼스 총장실에 도착해 대기 중이었다. 서울대학교 개혁 총장 정운찬을 인터뷰하기 위해서였다. 어렵게 성사된 자리였다. 정운찬과의 친분이 있어서 특별히 마련된 인터뷰였기에 박영선은 더욱 마음이 쓰였다. 인터뷰 진행을 해본 사람은 알겠지만, 공인이 된 지인과 갖는 인터뷰가 생면부지의 사람과 하는 인터뷰보다 더욱 힘들다.

박영선은 이날 정운찬 총장과의 인터뷰에서 '서울대 지역균형선발제'라는 헤드라인을 뽑아낸다. 이 제도는 대학 입시의 관행을 근본적으로 뒤흔드는 것이었다. 성적순으로 신입생을 뽑던 획일적인 방식을 타파하고 지역마다 일정 수의 신입생을 할당하는 제도였다. 이를테면 강원도 산골 학교에서도 서울대 입학생이 나오게 하겠다는 발상이었고, 가난한 고학생 출신으로 서울대 총장이 된 정운찬다운 발상이었다.

이 인터뷰 내용은 MBC 〈뉴스데스크〉를 통해 전파를 탔다. 특종이었고, 거의 모든 신문이 1면 톱기사로 박영선의 인터뷰 내용을 받아 인쇄했다.

그 무렵 박영선은 앵커 겸 기자로 활동 중이었다. 로스앤젤레스 특파원에서 원대 복귀한 박영선이 새롭게 맡은 프로그램은 〈박영선의 사람과 세상〉이었다. 이 외에도 〈경제 매거진〉이라는 주간 경제 전문 뉴스도 진행했다. 〈경제 매거진〉은 지금의 어떤 경제 전문 뉴스와도 비교할 수 없을 만큼 영향력이 대단했다.

IMF 이후 대한민국 미디어계에서는 한국 경제의 구조적 문제점을 들여다보고 진단하려는 시도가 시작되었다. 〈경제 매거진〉은 이런 분위기 속에서 탄생한 프로그램이다. 경제 이슈를 단편적으로 다루기보다는 보다 더 심층적이고 포괄적으로 전망하는 프로그램을 만들겠다는 취지하에 베를린 특파원으로 있다가 돌아온 내가 독일 ZDF 방송의 〈WISO〉를 벤치마킹해서 론칭했다. 새로운 시도에는 늘 회의론이 앞을 가리기 마련이다. 당시에 회사 간부들은 〈경제 매거진〉의 행로에 반신반의했다. 그렇지만 〈경제 매거진〉은 첫 방송

MBC 〈경제 매거진〉을 진행할 당시의 박영선 앵커. 〈경제 매거진〉은 IMF 이후 경제 이슈에 관한 깊이 있는 취재와 해석을 원하던 대중의 니즈가 반영된 프로그램이었다.

부터 시청률 15퍼센트를 점유하면서 순항의 불빛을 켰다.

　박영선은 〈경제 매거진〉의 출범 멤버는 아니었다. 초창기에는 김석기, 전성철 등 외부 경제 전문가들이 진행을 맡았다. 나름 시청률을 확보했지만 〈경제 매거진〉은 박영선이 앵커 자리에 앉으면서부터 근본적인 전환이 시작되었다. 경제부에서 잔뼈가 굵은 박영선 기자가 합류하면서 프로그램은 두 가지 점에서 업그레이드되었다. 박영선은 편집 회의에 함께하고 직접 현장을 취재하면서 현장감을 살렸고, 한국 경제의 구조적 문제점을 지적하는 앵커 멘트로 프로그램의 질을 높여주었다.

경제 기자로서의 현장 취재 경력과 해외 특파원 경험 그리고 앵커로서의 능력이 복합적으로 작용하고 불혹의 나이를 넘어서면서 박영선은 한창 물이 차오르는 중이었다. 그런 그에게 〈경제 매거진〉은 그 자신의 지평을 넓히는 중요한 계기가 되었다. 박영선은 이렇게 말했다.

"〈경제 매거진〉은 제게 경제적 관점에서 한국 전체의 맥락을 조망하는 기회를 주었고 많은 공부가 되었습니다. 또한 사람과 세상에 대한 안목을 키우는 좋은 기회였습니다."

박영선이 합류한 이후 다루는 아이템의 범위가 넓어졌다. 하나의 주제를 5분에서 10분 정도 다루니 심층 보도도 가능했다. 박영선은 2000년 총선을 앞둔 시점의 편집 회의에서 '선거의 경제학'이라는 주제로 취재해볼 것을 제안했다. 이 제안이 받아들여져 경북의 어느 지역구 현장을 심층 취재했고, 선거와 돈의 함수관계를 리얼하게 보도했다. 이런 아이템은 방송 뉴스에서는 잘 다루지 않던 것이었다. 자연스럽게 경제 오피니언 리더들의 주의를 환기시켰고, 그들은 새로운 관점에서 경제를 다루는 〈경제 매거진〉을 주시했다.

무엇보다도 경제 현안의 중요한 이슈를 끄집어내고 체한 데를 바늘로 찌르듯이 짚어내는 박영선의 안목이 〈경제 매거진〉의 가장 주요한 성공 요인이었다. 한국 경제의 구조 조정 방향, 성장과 복지 등의 빅 이슈에 대한 처방이 간결한 메시지로 전달되면서 시청자들의 호기심을 불러일으키는 한편 궁금증을 해소해주었던 것이다. 이 대

제28회 동반성장 포럼에서 정운찬 총재와 함께

목에서 정운찬은 길잡이 역할을 해주며 〈경제 매거진〉을 성원했다.

　박영선이 지역균형선발제 특종을 터뜨린 뒤 우리 팀은 정운찬 총
장과 점심을 함께 했다. 정운찬은 박영선의 특종 보도가 없었다면
교수들의 저항에 부딪혀 지역균형선발제가 안착하는 데 큰 어려움
을 겪었을 것이라고 했다. 이후로도 정운찬은 시간 여유가 있을 때
마다 박영선과 필자를 비롯한 〈경제 매거진〉 팀을 불러주었고, 그럴
때면 중앙도서관 뒤 서래마을 밥집, 시청 앞 만두집 등을 전전하며
한국 경제를 안주 삼아 토론을 즐겼다.

　박영선과 정운찬의 인연을 잠깐 살펴보자. 1990년대 후반 박영선

은 경제부 기자로 있던 무렵 정운찬 교수가 쓴 책 《한국경제 죽어야 산다》를 읽고 크게 감명을 받았다. 그즈음 박영선은 정운찬을 소개받아 만나게 되었는데 때때로 그에 대한 높은 평가를 내놓고는 했다.

"언젠가 정운찬 교수의 강의에 특강 강사로 초대받아 앞부분 강의를 직접 들은 적이 있는데, 난해한 경제 개념들을 평범한 실물경제 사례로 풀어내는 교수법에 감탄했다."

"정운찬 교수는 화법이 뛰어나고 매력적인 사람이다. 온유한 반면 소신도 있다."

정운찬은 김대중 정부 때부터 이런저런 정부 고위직에 누차 러브콜을 받았지만 모두 고사하다가 이명박 정부 시절 총리로 기용되었다. 하지만 세종시 해법을 둘러싼 정치적 마찰의 파편을 맞고 하차했다. 정운찬의 소신이 가로막히는 순간이었다.

그는 1986년 전두환 정권의 호헌 조치에 저항하며 서울대 서명운동을 주도했고, 노무현 정부 때 서울대 폐지론이 거론될 때는 "국립대를 평준화하면 나라 장래를 망친다."라고 맞서는 소신을 보여주었다. 정운찬의 넘버원 의제인 동반성장은 경제민주화와 궤를 같이하는 시대정신 중 하나였다. 정운찬은 본인의 오랜 '소박한 꿈'대로 2018년 1월 3일 한국야구위원회KBO 총재로 취임했다.

박영선은 〈경제 매거진〉의 위상을 높였고, 그 자신도 이 프로그램을 통해 한 단계 업그레이드되었다. 뉴스를 노련하게 이끌어가는 방송의 달인이라는 면모에서 한 걸음 더 나아가 한국 경제의 현안을 해부하고 파헤치는 가운데 예리함과 무게감을 더했던 것이다. 뉴스를 보는 안목이 한층 높아졌을 뿐만 아니라 파편적인 뉴스들을 종합적으로 통찰하여 경제 현실과 여건에 맞는 처방을 찾는 모습에서 그의 전문성이 더욱 깊어졌음을 확인할 수 있었다.

〈경제 매거진〉은 박영선의 커리어 여정에서 중요한 길목이 되었고, 이후의 행보를 감안했을 때 참으로 절묘한 타이밍에 이루어진 인연이었다.

또한 〈경제 매거진〉에서 박영선이 진행한 이명박 인터뷰는 훗날 BBK의 진실을 캐는 중요한 단서가 되었고, 이는 결국 이명박의 아킬레스건이 되었다.

박영선은 "중소벤처기업부 장관으로 일을 할 때도 MBC 경제부 기자 · 경제부장 이력 못지않게 〈경제 매거진〉의 경험이 밑거름이 되어 큰 도움이 되었다."고 말한다.

::

대한민국 최초의 여성 메인 앵커

　뉴스 앵커는 지적이고 화려하다. TV 화면을 혼자 차지한 채 유려한 말솜씨로 뉴스를 진행하는 모습에서는 카리스마마저 느껴진다. 많은 여성이 선망하는 직업이기도 하다. 독일에서는 공영방송인 ARD 저녁 뉴스 시간의 앵커를 보기 위해 할머니 시청자들이 곱게 단장하고 TV 앞에서 기다린다는 이야기가 있을 정도다. 앵커는 뉴스의 꽃이고 대중적으로 인지도가 매우 높다. 지성과 미모를 갖춘 여성 앵커는 우리 사회에서 독특한 위치를 차지하고 있다.

　하지만 겉으로 보이는 모습과 달리 앵커 업무를 수행하기란 그리 녹록지 않다. 시청자들이 보기에는 선남선녀를 앵커로 발탁하는 것처럼 보일 수도 있으나, 그런 기준만으로 앵커 자리에 앉을 수 있는 것은 아니다. 뉴스 소화력과 취재 경험, 안정감, 호감도, 발음 등 다

국회의원으로 jtbc 〈뉴스룸〉에 출연했을 당시. 뉴스를 진행하고 있는 손석희 앵커를 바라보고 있다.

양한 능력이 검증되어야 비로소 앵커로 발탁될 수 있다. 그 때문에 주요 뉴스의 앵커 자리는 경험이 풍부한 기자 출신의 남성이 주로 차지하게 된다.

이런 여러 가지 상황을 따졌을 때 사실 박영선은 앵커석에 조기 등판한 셈이다. 실력을 일찍 인정받은 드문 경우다. MBC로 자리를 옮기자마자 밤 12시대 뉴스인 〈뉴스데이트〉의 앵커로 기용되었다. 당시의 방송사 보직 관행으로 보면 대단히 파격적인 인사였다. 더군 다나 여성 혼자서 뉴스 프로그램을 진행한 전례가 없었다. '한국 최초 여성 메인 앵커'라는 수식어는 그래서 붙은 것이다. 때는 보도 통제가 심했던 전두환 정권 시절이었고, 컬러 TV 시대의 초창기였다.

심야 뉴스 앵커는 통상 점심시간이 지난 오후 시간대에 출근한다. 출근하면 조간신문을 훑어보고 낮 시간대의 뉴스를 챙기다가 편집부 직원들과 저녁식사를 하고 9시 〈뉴스데스크〉를 모니터링하면서 사무실에서 시간을 보낸다. 〈뉴스데스크〉가 끝나면 심야 뉴스의 큐시트를 짜기 시작하고 그때부터 앵커는 입고된 뉴스를 정독하면서 앵커 멘트를 다듬는 작업에 몰두한다. 이미 다들 퇴근한 뒤라 사무실은 야간 근무자들 말고는 듬성듬성 기자들 몇이 보일 뿐이다.

1980년대 보도국 분위기를 잠시 스케치하자면, 기자들 대다수가 남자였고 밤 시간에는 비교적 자유로운 분위기였다. 보도 통제라는 외형적 압박에 시달리면서도 내부는 상당히 역동적이고 자유분방했으며 소통도 활발했다. 종종 저녁 반주에 취한 선배들이 사무실로 쳐들어와 시국에 대한 불만을 고성으로 쏟아내기도 하고, 여름철에는 러닝 차림으로 편집부 주위를 활보하는 것도 예사였다. 밤 시간대 보도국은 이처럼 남성들의 세상이었다.

박영선은 온통 남성들만 득실거리는 정글 속에서 혼자였다. 앵커라는 자리에서도 혼자였고, 야간의 보도국에서도 '여성'이라는 외딴섬에서 일에만 매진했다. 거대한 돌덩어리에 비문을 새겨 넣는 석공처럼 박영선은 앵커 멘트를 다듬고 좋은 표현을 만들어내느라 심야의 보초를 섰다. 박영선이 입사한 초기만 해도 MBC 보도국에 여기자는 고작 4명뿐이었다.

박영선은 앵커만 전담한 것이 아니었다. 문화부에 배속되어 현장 취재를 겸했다. 앵커에게 주어지는 자유 시간이란, 밤늦게 퇴근해 늦잠을 잔 뒤 일어난 오전 나절의 잠시뿐이다. 저녁 시간의 약속은 엄두조차 낼 수 없다. 낮 시간에라도 여유를 가져야 하는데 박영선은 취재를 하느라 그렇지 못한 경우가 허다했다. 박영선은 몸을 아끼지 않고 취재에 나섰다. 취재를 하고 기사를 쓰는 과정에서 적재적소에 들어맞는 정돈된 언어를 발굴해나갔던 것이다. 필력과 발표력을 갖춘 보도국의 내로라하는 기자들과의 경쟁에서 뒤처지지 않기 위해 사력을 다했다.

박영선은 여자이기에 우대를 받는 것을 생리적으로 거부했다. 여성이기에 보호받고 예외로 인정받는 것은 박영선에게는 반칙이나 마찬가지였다. 여성이 남성과 비교되어 약한 존재로 인식되는 것이 싫었고, 그렇기에 남자들과 당당히 수평적으로 경쟁을 해야 한다고 생각했다.

특히 박영선은 현장 취재 경험을 통해 앵커 역할을 보다 완벽하게 수행하는 요령을 터득했다. 멘트 한 줄을 써도 더욱 생동감 있게, 현장감 있게 쓰는 노하우를 터득해나갔다. 박영선의 실력은 기자로 활동하며 키운 근육 위에 만들어진 것이다.

〈뉴스데이트〉는 반응이 좋았다. 젊은 여기자가 진행하는 뉴스인데도 안정적이고 무게감이 있어 신뢰가 쌓이기 시작했다. 덩달아 시청률도 쑥쑥 올라갔다. 당시 박영선이 앵커로서 유념했던 것 가운데 하나가 당일 괜찮은 뉴스 중에서 정치 분위기상 9시 〈뉴스데스크〉에 나가지 못한 꼭지를 심야 뉴스에 심는 것이었다. 보도지침이란 용어가 말해주듯이 1980년대에는 방송 아이템 하나하나에 대한 검열이 심했다. 정권에서 유난을 떠니 회사 간부들도 부분적으로 길들여져 가는 '자기 검열'도 없지 않았다. 이 때문에 시국과 관련한 박영선의 앵커 멘트로 인해 종종 충돌이 빚어졌다. 박영선은 상식적인 입장에서 이런 뉴스는 시청자인 국민도 알아야 한다는 지론에서 한 행동이었다. 앵커로서 균형감을 유지해야 한다는 책임에 따른 것이었고, 기자정신에 입각한 처신이었다. 또 한편으로는 기자들이 하루 종일 애쓰면서 제작한 뉴스가 이런저런 이유로 사장되는 것에 대한 안타까움도 컸다. 뉴스는 객관적이고 공정해야 한다는 것이 박영선의 기본적인 접근법이었다. 그래서 박영선은 어느 정파의 편을 드는 뉴스가 아니라 시청자의 입장을 헤아리는 뉴스를 진행해야 한다는 마음을 비수처럼 가슴에 품고 앵커석에 앉았다.

하지만 박영선의 〈뉴스데이트〉로 인해 다음 날 아침 보도국 간부들의 고성이 터지는 일도 왕왕 있었다. "왜 그 뉴스를 내보냈느냐?", "낸 이유가 뭐냐?"는 소리를 들을 때면 회사 간부들의 자기 방어적인 태도가 실망스러웠다. 참담하지만 그게 현실이었다. 하지만 내부의 이러한 갈등에도 불구하고 박영선이 진행하는 MBC 심야뉴스는 나날이 좋은 반응을 얻었다. 9시 뉴스보다 편집이 균형 잡혀 있다는 평가를 받았고, 9시 뉴스에서는 보지 못한 아이템을 접하는 신선함도 더해졌다. 심야 뉴스가 시청자의 주목을 받은 것은 이때가

정치 이슈의 핵심을 파고드는 박영선의 브리핑과 논평은 정평이 나 있다. 이 때문에 그는 방송 관계자들 사이에서 섭외 1순위 정치인으로 꼽힌다.

처음이었다. 이후 TV 심야 뉴스는 고정 장르로 자리 잡는다. 지금은 어느 방송사에서나 심야 뉴스가 일반화되어 있다.

심야 뉴스의 성공을 인정받은 박영선은 아침 뉴스의 앵커로 발탁되었다. 아침 뉴스는 2시간 동안 진행되는 대형 뉴스쇼다. 준비하는 것도 진행하는 것도 만만치 않고, 이를 이끌어야 하는 앵커의 책무 또한 심야 뉴스에 비해 훨씬 무겁다. 연륜 있는 베테랑이 맡는 것이 관행이었다. 심야 뉴스를 하며 야간형 인간으로 살았던 박영선은 아침 뉴스를 위해 새벽형 인간으로 변신해야 했다.

6시 '땡' 하면 시작하는 뉴스에 임하기 위해서는 4시까지 출근해야 한다. 춘천 KBS에 재직하던 시절 연희동에서 춘천으로 향하던 새벽 출근길이 연상되는 리듬이다. 하지만 고된 생활 속에서도 박영선은 앵커로서의 보람이 컸다. 짧은 시간에 그는 앵커로서 확실히 입지를 다졌다.

하지만 박영선도 앵커 시절 악몽 같은 일을 여러 번 겪었다. 방송 시간은 시청자와의 약속이다. 특히 뉴스 시간은 어떤 상황에도 변경되어서는 안 되는 철칙 중의 철칙이다. 그런데 1980년대 초의 어느 날, 6시 뉴스에 지각하는 일이 벌어졌다. 6시 전에 도착해도 될 듯 말 듯한데 스튜디오에 도착하니 6시 5분이었다. 보도국 시계가 5시 45분을 가리키고 있었다는 변명도 소용없었다.

"제 생애 가장 아찔했던 순간이었어요."

스튜디오로 들어서는 지각생 박영선의 사색이 되었을 표정과 헉헉거리는 모습이 충분히 연상되고도 남는다.

그는 이 일을 통해 중요한 교훈을 얻었다. 자신의 두 번째 책《자기만의 역사를 만들어라》에서 그는 이렇게 고백했다.

"사회생활 하는 사람들에게 생각보다 부득이한 일이 많이 생깁니다. 그러나 실수와 실패가 생겨났을 때 무엇이 되었든 자신의 책임을 인정해야 합니다. 회사와 개인은 서로에게 이익을 창출해내는 집단이지 마음으로 호소할 관계는 아니기 때문입니다."

아침 뉴스의 앵커로 있던 당시의 '사건'을 하나 더 들어보자. 박영선은 이 사건으로 인해 앵커직에서 하차하게 된다.

김문수가 국회의원 보궐선거에 출마해 당선되었을 때다. 김문수는 김영삼 정부 시절 재야인사 영입 케이스로 정치에 입문한 인물로서 세간의 주목을 받았기에 당연히 아침 뉴스의 인터뷰 자리에 앉았다. 재야인사의 여당 입성이 박영선으로서도 충격적이었다. 그래서 박영선은 "항간에 김문수 의원을 변절자라고 하는데 어떻게 생각하십니까?"라고 물었다. 이 방송을 청와대의 김영삼 전 대통령이 식사 중에 시청하고 있었다. 전언에 따르면 김 전 대통령은 "저 앵커가 나를 변절자라고 하는 것 아니냐?"며 벌컥 화를 냈다고 한다.

방송을 마치자마자 사장실에서 호출이 왔다. MBC 사장은 청와대 정무수석으로부터 전화를 받았다며 불같이 화를 냈다. 그러고는 방송 경위에 대해서 물으며, 누가 멘트를 써준 거냐고 자초지종을 따졌다. 하지만 박영선은 그 어느 누구도 내세우지 않고 스스로 책임지는 모습을 보였다. "제가 직접 쓴 것입니다." 이것이 박영선 스타일이다.

박영선은 이 일로 앵커에서 물러나 국제부로 발령을 받는다. 박영선의 앵커 시대는 이렇게 외압에 의해 일단락되고 말았다. 권력의 외압에 굴복하고 마는 것이 당시 방송사 간부들에게 종종 있는 바람직하지는 않은 현실이었다.

훗날 박영선이 김영삼 전 대통령을 인터뷰할 기회가 있었다. 이때 박영선은 과거의 아침 뉴스 사건을 꺼내면서 "그 일로 제가 앵커에서 잘렸어요."라고 말했다. 김 전 대통령은 "허허, 내가 키워줬네."라며 너털웃음을 지었다.

앵커 박영선이 진행했던 MBC 뉴스는 '낙양의 지가'를 올렸고, 방송 뉴스의 한 시대를 풍미했다. 앵커를 맡는 동안 정상적인 사회활동을 할 수 없는 여건이었지만, 직장과 육아를 겸하는 엄마처럼 앵커와 현장이라는 두 가지 일을 성실하게 수행해나갔다.

남들 눈에는 화려하고 폼나게 보였겠지만, 고독하게 앵커 자리를 지키느라 박영선은 평범한 삶을 반납한 채 20~30대 청춘을 다 보냈다. 하지만 노력 속에 과실이 있는 법이다. 무엇보다도 남성 앵커의 보조 내지는 뉴스의 화초 정도의 인식에 머물러 있던 여성 앵커의 위상과 지위를 높이는 데 큰 역할을 했다. '여성 앵커 박영선'이 아니라 '앵커 박영선'이었다. 그리고 심야 뉴스와 아침 뉴스 장르를 안착시켰다는 평가를 받았고, 그 평가는 지금도 유효하다. 그런 점에서 박영선은 한 발짝 앞서 미답지未踏地를 걸어간 선구자다.

::

냉전 시대에 서울과 모스크바의 하늘을 연결하다

방송 활동을 하는 동안 박영선이 앞서나갔던 것은 앵커직만이 아니었다. 출중한 방송 능력은 격랑 치는 역사의 굽이에서 그 자신을 변화의 중심에 서게 만들었다.

1989년은 현대사의 분수령이 된 해였다. 그해 11월 베를린장벽이 무너지면서 냉전 체제가 와해되기 시작했다. 국제 정세에 해빙의 물결이 넘실대는 가운데 소련 해체라는 가공할 만한 기류가 감지되었다. 소련 해체는 한국에도 중요한 모멘텀을 제공할 기회였다.

그렇다고 해서 당장 한국과 소련 사이에 수교가 맺어질 만한 그런 분위기는 아니었다. 특히 방송 부문에서 한국과 소련은 차디찬 냉기로 가로막혀 있었다. 모스크바 특파원이 있을 수 없었고, 소련에서 직접 방송을 한다는 것도 상상할 수 없는 일이었다. 그런데 이런 정

1989년 서울-모스크바 위성 생방송 화면 속의 박영선

세 속에서 두 나라 간의 정식 교류가 이루어지기에 앞서 방송이 먼저 가교를 놓았다. 이 일의 중심에 바로 박영선이 서 있었다.

박영선은 한국 기자 최초로 크렘린궁 앞에서 생방송을 진행했다. 열흘 동안 이어진 고르바초프의 페레스트로이카 현장을 취재하고 보도하는 일이었다. 고르바초프로부터 시작된 소련의 개혁개방 정책은 동구에서 먼저 냉전의 벽을 허물며 세계사의 지형을 뒤흔드는 중이었고, 이러한 움직임이 한반도에 어떤 영향을 미칠 것인가 하는 문제는 초미의 관심사가 될 수밖에 없었다. 이렇게 급박하게 돌아가는 세계사의 생생한 현장에 박영선이 뛰어들었다.

1989년 2월, 〈뉴스데스크〉 시간의 9시 10분대에 10분 동안 서울과 모스크바가 라이브로 연결되었다. 도대체 모스크바 심장부에서

한국과 소련이 정식 수교를 맺기 전이었던 1989년 겨울, 박영선은 서울과 모스크바의 하늘을 연결해 냉전의 해빙 무드를 생중계로 보도했다.

무슨 일이 벌어지고 있는지 궁금했던 권부의 중심이나 정책 당국자는 물론 시청자들의 이목까지 사로잡는 뉴스 현장이었다.

그런데 어떻게 이 생방송이 가능했던 걸까? 짐작하시겠지만, 서울과 모스크바를 연결하는 위성 생중계가 거저 이루어진 것은 아니었다. 사실 당시에는 모스크바와 서울을 위성으로 직접 연결할 방법이 없었다. 박영선은 한국 최초로 모스크바에서 위성 생중계를 하겠다는 포부로 날아갔지만, 적성국 소련과는 위성 교류가 안 될뿐더러 방송 방식도 달라 원대한 계획이 무산될 위기에 처했다. 그렇다고 그대로 물러나면 박영선이 아니었다. 그때 박영선의 뇌리에 한 사람의 이름이 스쳤다. 1988년 서울 올림픽 때 서울을 방문했던 소련 외무성 관리가 생각났고, 그에게 전후 사정을 설명했다. 다행히도 그는 중요한 팁을 주었다. 모스크바 주재 미국 특파원에게 부탁해보라는 것. 당시 미국과 소련 간에는 위성 중계가 가능하니 모스크바-미국을 거쳐 서울로 들어가는 이원 방식을 써보라는 아이디어였다. 귀가 번쩍 뜨였다.

박영선은 소련 외무성 관리의 조언대로 미국 특파원을 찾아가 루트를 찾았고 결국 생방송을 성사시켰다. 두 나라의 수교에 앞서 MBC의 위성 생중계로 인해 서울과 모스크바의 하늘이 연결되는 순간이었다. 박영선이 첫 문을 연 이후 한국 언론의 모스크바 취재는 봇물을 이루기 시작했다.

그럼 잠깐 한국과 소련의 수교가 어떻게 이루어졌는지 살펴보자.

노태우 정부의 경제수석이었던 김종인 박사의 〈신동아〉^{2016년 10월호} 인터뷰에 당시의 긴박했던 상황이 나와 있다. 한국 정부가 북방 외교의 일환으로 소련과의 수교에 시동을 건 것은 1990년 5월이었다. 해빙 무드가 시작되고 몇 달이 지났지만 좀처럼 기회를 잡을 수가 없었다. 그러던 중 뜻밖의 기회가 찾아왔다. 미국 국무장관을 지낸 조지 슐츠가 김종인 박사에게 "다음 달 고르바초프가 스탠퍼드 대학교 총장과 자신의 초청으로 미국을 방문해 강연을 하기로 되어 있다."고 귀띔해주었다. 그로부터 며칠 뒤 고르바초프의 외교 고문인 도브리닌이 비밀리에 서울로 날아왔고, 김종인의 소개로 노태우 대통령을 만났다. 도브리닌은 그 자리에서 "6월 4일 샌프란시스코를 방문하면 고르바초프를 만날 수 있을 것"이라고 전했다. 김종인은 샌프란시스코로 날아가 고르바초프를 만났다. 이후 두 나라의 관계가 급물살을 타면서 같은 해 9월 30일에 국교 정상화를 맺는다.

한소 수교에 대해 박영선은 이렇게 말했다.

"1989년 2월, 역사적인 서울-모스크바 위성 생방송이 한국과 소련의 수교를 여는 서곡이 된 것이지요."

굽이치는 역사의 현장에 박영선이 먼저 발걸음을 한 것에는 행운도 따랐겠지만, 그 특유의 근성과 성실함이 만들어낸 필연이기도 하다. 박영선은 일을 대충 하는 법이 없다. 자신이 맡은 일에 대한 욕심과 근성은 방송가에서도 소문이 자자했다. 박영선의 취재에 동행한 카메라 기자들은 대부분이 애를 먹는데, 그건 박영선이 까다롭게 굴어서가 아니다. 이것도 찍고 저것도 찍자며 주문이 많아서였다.

거기에 한 번 인연을 맺으면 자기 사람으로 만들고야 마는 네트워크 능력도 빼놓을 수 없다. 이런 여러 가지 요소가 복합적으로 작용해서 한국 최초 서울-모스크바 위성 생중계라는 위업을 역사에 새길 수 있었던 것이다.

::

평양에서 생방송을 하다

2002년 9월 11일 밤, 평양. 박영선은 조선중앙TV 스튜디오에 앉는다. 서울-평양 간 이원 생방송을 위해서다. MBC 뉴스데스크와 생방송으로 8분여 연결될 예정이었고, 박영선은 서울 스튜디오의 엄기영 앵커와 이원 생방송을 진행할 참이었다. 남북한의 방송진이 평양에서 공동으로 제작한 뉴스를 서울에서 생중계하는 것은 그때가 처음이었다. 박영선은 역사적인 첫 무대의 앵커로 평양 스튜디오의 앵커석에 앉았다.

2002년 당시 북한에서는 통제경제에서 부분적인 개방경제를 시도하려는 움직임이 있었고, 북한의 개혁개방에 대한 기대치가 높아지고 있었다. 또 부산에서 열릴 아시안게임에 북한 대표팀이 참가할 예정이었다. 이 같은 기류에 발맞추어 MBC는 특별 취재단을 꾸려 평양에 생방송 팀을 파견했다. 박영선은 이 팀의 앵커로 중국 베이징을 거쳐 평양에 당도했다. 역사적인 현장에 서는 행운이 다시 한 번 그를 찾아온 것이다. 실시간 이원 생방송은 두 지역을 연결하는 자체가 힘들고 진행에도 어려움이 따르는데, 더욱이 평양에서 이원 생방송을 한다는 것은 방송 형식을 조율하는 문제나 진행에 애로 사항이 많을 수밖에 없다.

북한 체제의 특성상 생방송에 제약이 따랐다. 평양에서 박영선을 밀착 동행하며 감시하던 보위부 간부가 방송 전에 사전 검열을 요구했다. 박영선은, 대한민국은 언론 자유가 보장된 국가이기 때문에 그러한 사전 검열을 받아들일 수 없다고 맞섰다. 그러자 보위부 간부는 방송 시간이 다가오는데도 평양 스튜디오 출입문을 가로막은 채 버텼다. 박영선도 물러서지 않았다. 그는 방송이 펑크 나거나 진행 도중 사고가 나면 원고 검열 때문이라는 이유를 대리라 마음먹고 있었다. 마음을 단단히 먹었지만 그곳은 평양이었다. 두려움이 없을 수 없었다. 그러나 검열을 받으면서까지 평양 생방송을 할 이유가 없다는 소신이 두려움을 이기게 해주었다. 방송 시작 3분 전까지 스튜디오 출입문을 막아섰던 보위부 간부는 마지못해 문을 열어주었다. "동무, 알아서 하시오. 내 목이 잘리면 서울에 못 갈 수도 있으니……" 그렇게 해서 사전 검열 없이 평양 생방송이 성사되었고, "여기는 평양, 박영선입니다."라는 그의 목소리가 생생하게 전국에 전파되었다.

평양에서의 생방송은 3일간 진행되었다. 물론 그 보위부 간부의 목

북한 평양의 조선중앙TV 스튜디오의 앵커석에 앉아 생방송으로 뉴스를 전하는 박영선

이 잘리는 일은 없었다. 서울—평양 간 생방송이 있은 뒤에는 총화^{總和}라는 이름의, 그날 방송을 점검하는 회의가 열리는데, 그 자리에서 보위부 간부는 살얼음판을 걸었다는 후일담이 있었다.

평양에서 방송을 하면서 박영선이 겪은 우여곡절은 그의 내면을 잘 보여준다. 방송에 대한 애착과 직업적 자부심, 그리고 자기만의 소신이 강하다. 또한 어려운 상황에 순응하지 않고 돌파해나가는 추진력과 도전정신을 엿볼 수 있다. 적당히 타협하며 보신하려는 것을 박영선은 생리적으로 거부한다.

박영선은 평양에서 체류한 3일 동안 생방송을 마치고 늦은 밤 호텔 객실에 돌아가면 평양 시가지를 내려다보며 생각에 잠겼다. 평양 생방송이 단발성으로 그칠 것이 아니라 정례화되었으면 좋겠다는 생각도

했다. 또 서울-평양 간 생방송을 하듯, 남북 간 왕래의 문을 왜 열수 없는지 아쉬움이 컸다. 박영선은 동독과 서독이 기본 조약을 체결해 양 진영에 특파원을 상주하도록 한 것에 깊은 관심을 갖고 있었다. 그래서 그는 입버릇처럼 평양 특파원을 제일 먼저 해보고 싶다고 사석에서 이야기하고는 했다. 박영선은 유럽에서 철의 장막이 무너진 뒤 모스크바에서 생중계를 하며 냉전 시대가 와해되는 것을 목격했다. 그 바람이 한반도에는 미치지 못하고 있는 현실이 안타까웠다. 그는 그 생각을 할 때면 무언가 가슴을 짓누르는 듯한 통증 때문에 잠을 설치고는 했다고 한다.

박영선이 주목하는 동방 정책이 한반도에서는 실현되지 못하고 있다. 그가 방송을 통해 하늘길을 열었지만, 그것은 일회성에 그쳤고 여타 분야로까지 제도적으로 정착되지 못한 채 오늘날까지도 대립 상태에 있는 것이 남북 간의 현주소다.

박영선이 구상하는 북방 정책의 롤모델로 삼고 있는 독일 사민당^{사회주의당} 정치인이자 동방 정책의 건축가 에곤 바르 이야기를 참고 삼아 덧붙인다. 필자 역시 독일 특파원으로 있다가 돌아오는 길에 가지고 온 에곤 바르의 자서전 《나의 시대^{Zu meiner Zeit}》를 통해 에곤 바르의 고뇌와 통일 의지를 오랜만에 다시 살펴보는 기회를 가졌다.

에곤 바르와 빌리 브란트. 서독 동방 정책의 주역이다. 에곤 바르는 빌리 브란트가 서베를린 시장으로 있을 때 대변인으로 인연을 맺으며 새로운 전환을 시도한다. 에곤 바르가 동방 정책의 설계자 역할을 했다면 빌리 브란트는 능란한 정치가로서 현장을 뛰었다. 방송 기자 출신인 에곤 바르는 많은 정보 네트워크를 갖고 있었으며 지략이 뛰어났다. 두 사람은 시장과 대변인이라는 수직적 관계를 넘어, 적어도 동방 정책에서는 우정으로 상황을 돌파하며 역사를 만들어냈다.

접근을 통한 변화. 그러기 위해서는 동서독 간의 접촉뿐만 아니라 주변 국가들과의 접근이 필요하다는 판단 아래 조약 체결을 통해서 평화공존 정책을 구사한다. 당시 독일의 상황을 복기해보면 베를린은 동·서베를린으로 나뉘어 콘크리트 담이 쳐져 있었다. 서베를린은 고도 孤島 같은 위치에 놓여 있었다. 이러한 상황을 극복하기 위해서는 동서독 간의 왕래와 교류를 확대함으로써 관할 강대국으로부터 독립적인 길을 걸어야 한다고 에곤 바르는 판단했다. 이를 실천하기 위해 동서독 기본 조약을 체결하고 양국 간의 왕래를 실현했다. 이 같은 동방 정책의 기조는 독일이 통일되는 날까지 그대로 유지되고 실행되었다.

빌리 브란트가 기욤 간첩 사건으로 수상직에서 물러나고 헬무트 슈미트 내각이 들어섰을 때 에곤 바르는 그에게 크렘린 채널을 비롯한 동방 정책의 연결 고리와 그 성격에 대한 정보를 설명해주었다. 슈미트는 그 자리에서 에곤 바르에게 그 역할을 계속해줄 것을 당부했다.

슈미트가 퇴임한 뒤 기민당으로 정권이 교체되어 헬무트 콜 수상이 취임했다. 에곤 바르는 콜에게 전화를 걸어 채널의 존재를 알렸다. 콜은 하룻밤 생각한 뒤 그에게 그 일을 계속 맡아달라며 허가를 했다고 에곤 바르는 자신의 책 《빌리 브란트를 기억하다》에서 고백한다.

이게 동방 정책의 비결이다. 동방 정책이 태동한 1970년대부터 1990년 통일까지 서독에서도 정권 교체가 있었다. 그런데 어느 정권이 들어서더라도 동방 정책의 채널과 정보망이 인수인계되면서 접촉 창구를 유지하고 교류를 이어가는 일이 한 번도 중단되지 않았다. 동방 정책은 연속성을 통해 통일이라는 결실로 이어졌다. 동방 정책의 설계자 에곤 바르도 책무를 중단 없이 수행할 수 있었다.

4대 강국과 동서독이라는 '4+2' 등식을 통일 국면에 '2+4'로 주체적으로 전환할 수 있었던 것도 동서독 간의 상호 신뢰가 깊어졌기 때문이다. 이 같은 동방 정책의 기조와 정책 구사 그리고 연속성은 우리에게 시사하는 바가 크다. 남북관계의 현재 상태와 분단의 장기화를 통해 우리가 얻는 것이 과연 무엇인가?

박영선이 평양에서 생방송을 하며 꿈꾸었던 남북한의 미래는 미완의 숙제로 남아 있고, 아직 거기서 멈춰 있다.

::

인터뷰, 다시 눈을 뜬 시간

박영선이 이끌어온 〈경제 매거진〉은 폐지될 사유가 없는 프로그램이었다. 방송사가 기본 잣대로 삼는 시청률도 괜찮은 편이었고, 평판도 좋았으며, 경제 부문에서의 영향력도 점점 확고해져가는 상황이었다. 그런데도 어느 날 폐지가 결정되었다는 통보가 내려왔다. 이런 일에는 주로 간부가 앞장선다. 당시에 모 간부가 폐지라는 총대를 멘 채 설치고 다녔던 기억이 난다.

잘나가는 프로그램을 강제로 종료시킨다는 것은 이례적인 일이었다. 박영선은 프로그램 폐지의 부당함을 조목조목 제기하며 맞섰지만 '외압'이 있었는지 어쨌는지 결국 〈경제 매거진〉은 막을 내릴 수밖에 없었다. 팀원 전체의 아쉬움과 분노가 컸지만, 그 누구보다도 박영선의 아픔이 가장 컸다.

〈경제 매거진〉 폐지 이후 잠시 여유를 갖던 중에 MBC는 아침 뉴스 시간에 인터뷰 프로그램을 론칭할 계획이라며 박영선에게 손을 내밀었다. 구영회 보도부국장은 박영선에게 한 가지 당부를 곁들였다. 낮은 데 있는 사람들의 이야기에 귀 기울이기를……

프로그램 명칭은 〈박영선의 사람과 세상〉. 이 프로그램은 두 가지 면에서 출발부터 주목을 받았다. 먼저 기자 이름이 문패로 걸려 있다는 사실과 인터뷰 전문 프로그램이라는 점이다. 기자나 앵커, 아나운서 할 것 없이 방송을 진행하는 이라면 누구나 자기 이름을 걸고 프로그램을 하고 싶다는 소망을 갖고 있다.

박영선으로서는 기쁘기만 한 것은 아니었다. 부담이 없지 않았다. 앵커로 오랫동안 관록을 쌓았지만 인터뷰 프로그램은 다른 차원의 일이었다. 화면을 통해 만나면서 시청자들과도 친숙해졌고 유명세를 탔지만 자신의 이름 석 자를 걸고 프로그램을 진행한다는 사실에 대한 책임감이 무겁게 다가왔다. MBC 보도국의 첫 사례이기도 했다.

여의도 MBC 사옥 경영 센터 11층에 인터뷰 팀이 꾸려졌다. 보도국에서 팀원을 차출해 별동대처럼 운영되었다. 아침 7시대 뉴스 시간에 비록 5분 안팎의 분량을 내보내는 프로그램이었지만, 매일 인터뷰를 하고 방송을 제작한다는 것이 녹록지 않았다. 무엇보다도 섭외가 관건이었다. 시의성을 가진 중요 인물을 속도감 있게 찾아내어 인터뷰 자리에 앉힌다는 것이 여간 까다롭지 않았다. 게다가 인터뷰

구로구의 지역 행사에 참여한 박영선. 그는 MBC 방송 기자로 재직하던 시절 벌집촌을 취재하며 구로와 깊은 인연을 맺었다.

를 한 뒤에 1~2시간 분량의 녹화 테이프를 보고 또 보면서 핵심을 골라내 편집을 하는 것 역시 만만치 않았다. 그런데 박영선에게 그 일은 상대와의 대화 속에 진주처럼 빛을 발하는 순간을 포착하는 또 하나의 훈련이었다.

"앵커를 하면서 진행자로서 간접적으로 시청자들과 대면하는 것과, 인터뷰어로서 현장으로 직접 들어가 다양한 부류의 사람들과 만나는 것은 차이가 컸습니다. 실로 많은 사람들과 이야기를 나누고 그들의 삶을 들여다보면서 참 많이 배웠습니다. 세상에 대해 다시 눈을 떴습니다."

구로동 벌집을 취재하기 위해 한 달 동안 왕래한 적도 있었다. 박영선은 이 사회의 가시권에서 벗어난 소외된 삶의 실상을 목격했고 가슴이 먹먹했다. 이 발걸음이 훗날 박영선을 구로구 지역구로 인도했다고, 운명론적으로 해석할 수 있지 않을까. 그는 낮은 데서 묵묵히 살아가는 사람들과 함께하며 진한 감동을 받았다. 그리고 인터뷰 가운데 보석처럼 빛을 발하는 순간을 찾아내고 엮기 위해 팀원들과 밤늦도록 편집 작업에 몰두했다.

〈박영선의 사람과 세상〉은 성공적이었다. 시청률도 좋았고, 시청자들의 반응도 좋았다. 아침 출근길의 새로운 화제 메뉴로 떠올랐다. 박영선은 인터뷰어로서의 새로운 면모를 보여주며 또 다른 위상을 확보했다. 뒷날 박영선은 인터뷰이들과의 대화 내용을 정리해서 《박영선의 인터뷰 사람 향기》라는 책으로 엮었다.

박영선이 경제부장으로 보임되어 프로그램에서 떠난 뒤 내가 그 프로그램을 이어받았다. 하지만 박영선의 명성을 어떻게 이어갈지 도무지 답을 찾을 수 없었다. 그래서 기자 이름도 버리고 프로그램 명칭도 싹 바꾸어서 〈들어봅시다〉로 개칭했다.

박영선의 인터뷰에는 빛나는 전사前史가 있다.

유난히도 더웠던 1995년 여름, MBC 로스앤젤레스 특파원 박영선은 런던행 비행기에 올랐다. 런던이 목적지가 아니라 남아프리카공화국이 목적지였다. 로스앤젤레스−런던−케이프타운으로 이어지는 여정이었다. 박영선은 당시의 소회를 자신의 책《누가 지도자인가》

에 이렇게 썼다.

청춘의 날개로 비상하는 듯한 특파원 시절에 만델라를 만나는 기쁨에
가슴이 뛰었다.

그랬다. 박영선은 그때 넬슨 만델라를 만나러 가는 길이었다. 만
델라의 방한을 앞두고 사전 인터뷰를 하기 위해서였다.

남아프리카공화국 역사상 첫 흑인 대통령, 27년 동안의 수감 생
활, 인권운동가, 노벨상 수상자……. 언론에 이렇게 많은 헤드라인
을 선사하는 정치인은 드물다. 대어를 낚은 것이다. 먼 길이었지만
박영선은 신났다. 남아공으로 향하는 비행기 안에서 만델라 인터뷰
가 방문 목적이라고 적힌 사증^{査證}을 보고 또 보았다.

넬슨 만델라는 용서와 화해의 상징이다. 백인의 인종차별 정책
에 항거했다는 이유로 27년 동안 절해고도의 수용소에서 지내다가
1994년 석방되어 흑인 최초로 남아공 대통령에 올랐다. 사족이 필요
없는 거인이다. 기자로서 그런 사람을 인터뷰하러 가면서 설레지 않
는다면 그는 기자 자질이 부족하거나 세상에 대한 최소한의 감수성
도 없는 자이리라.

남아프리카공화국에 도착해 입국 심사를 하는 동안에 약간의 해프
닝이 있었다. 동행했던 오디오맨이 반바지 차림이었는데, 일국의 대
통령을 인터뷰하러 오면서 경망스럽게 반바지 차림이냐며 세관의 핀

《누가 지도자인가》 북 콘서트에서 〈TIME〉의 표지를 장식한 만델라의 얼굴을 배경으로 이야기하고 있다.

잔을 들었다. 전후 사정을 설명하고 양해를 구해서 겨우 통과했다.

만델라를 만나러 가는 차 안에서 점점 가슴이 부풀어 올랐다. 그에게 던질 첫 번째 질문의 발음을 옹알이하듯 입안에서 굴렸다.

은은한 미소……. 박영선은 그렇게 기록했다. 만델라가 자신을 대하는 모습을 그 한마디로 압축했다. 오랫동안 갇혀 지내며 스스로를 단련한 수양 생활이 만들어낸 내공의 단면이라 여겼다. 보통 사람으로서는 상상하기조차 힘든 고통의 시간, 삶과 죽음의 경계선을 넘나들면서도 자신을 잃지 않은 초인적 비범함이 묻어났다. 그랬기에 분노와 눈물을 화해와 용서로 승화할 수 있었을 것이라고 판단했다. 간난고초를 겪었건만 만델라의 얼굴에는 구김살이 없었다. 헐렁한 차림의 이웃집 아저씨가 사랑방 좌담에 놀러 온 분위기였다. 박영선은 《감옥으로부터의 사색》을 쓴 고 신영복 선생에게서도 만델라와 흡사한 평온함을 느낀 바 있다고 사석에서 말한 적이 있다.

만델라와 마주한 박영선이 첫 질문을 던지려던 찰나, 카메라맨의 얼굴이 무척 경직되어 있는 것을 본 만델라가 말했다. "얼굴이 검지만 잘 찍어주세요." 그렇게 한바탕 웃게 만들어 분위기를 편안하게 해주었다.

박영선은 마무리 질문으로 대통령의 온화한 미소가 어디에서 나오는지 물었다. 사전에 준비한 질문지에는 없던 내용이었다. 만델라는 답했다.

"비록 나는 갇혀 있었지만 창살 틈으로 비치는 햇살이 무척이나 화사하게 느껴졌어요. 늘 햇살의 화사함을 담은 웃음을 간직하고 싶었습니다."

박영선은 만델라를 통해 숭고한 언어가 지니는 감동을 느꼈다. 그는 그 순간을 "감칠맛 나면서도 신중하고, 또한 핵심을 찌르는 만델라식 표현법에 대해 깊이 생각하게 되었다."라고 회고한다. 그리고 박영선은 자신의 책에 만델라의 다음 발언을 인용했다.

나는 말을 가볍게 하지 않는다. 교도소에서 보낸 27년 동안 고독의 침묵 덕분에 말이 얼마나 소중한지, 사람들의 생사에 얼마나 큰 영향을 미치는지 알게 되었다.

정치인이 된 이후에도 박영선은 만델라의 온유한 미소와 신중한 언어를 새기고 있다. 특히 대중 정치인에게 미소는 리더십의 또 다른 모습이라고 그는 강조한다.

요즘도 박영선은 지치고 힘들 때면 만델라가 가장 좋아했다는 시를 종종 읽는다. 〈인빅터스Invictus, '정복되지 않은'이라는 뜻의 라틴어〉라는 제목의, 윌리엄 어니스트 헨리가 쓴 시다.

나는 두렵지 않다
아무리 좁은 문이라도
어떠한 죄명이 붙여지더라도

나는 내 운명의 주인

내 영혼의 선장

내 영혼의 선장……. 만델라는 박영선에게 힐링 멘토다. 내 운명의
주인……. 박영선은 만델라의 애송시에 '운명의 관객'을 덧붙인다.

정치인은 입장권을 끊고 관중석에 머무는 타자가 아니다. 정치인
의 입장권은 국민들이 쥐어준 것이다. 그는 국가와 사회의 운명을
직시하고 키를 조종하여 배를 끌고 가야 한다. 객석의 장승처럼 복
지부동해서는 안 된다.

박영선은 인터뷰를 통해 사람과 세상을 바라보는 안목이 더욱 깊
고 넓어졌다. 그는 종종 이런 말을 한다. 인터뷰는 자신의 기자 생활
에서 가장 깊게 각인된 '일대 사건'이었다고.

Scene 2

정의로운 세상,
아름다운 나라

박영선의 의정 활동

"아무것도 없고, 바라지도 마십시오.
선거에 져도 좋습니다.
제 원칙에 맞는 선거를 치를 것입니다.
그것이 제 확고한 정치 신념입니다."

::
2004년 겨울, 새 길로 들어서다

무척 추웠던 날로 기억한다. 아침 일찍 박영선에게서 전화가 걸려
왔다.

"삼청동에서 바로 만날 수 있어? 같이 갈 데가 좀 있어."

아침 라디오 종합 뉴스인 〈뉴스의 광장〉을 마치고 퇴근하는 근무
리듬에 시간 여유가 있던 터라 약속 장소로 향했다. 버스 안에서 왜
삼청동에서 만나자고 했는지 궁금증이 머릿속에서 떠나지 않았다.
MBC가 정동에 있던 시절 종종 삼청동에 수제비를 먹으러 가기는 했
지만 약속 장소로 익숙한 곳은 아니었다.

검정색 코트 차림의 박영선은 왠지 모르게 생각이 많아 보였다. 간
단하게 비빔밥을 먹는 동안에 그가 입을 열었다.

"어떻게 해야 할지 모르겠네. 대변인으로 오라는데, 정동영 선배

가······."

사실 요 며칠 사이에 '박영선이 정치로 간다.'는 소문이 파다했는데, 그 소문을 직접 확인하는 순간이었다. 식사를 마친 뒤 우리의 발걸음은 자연스럽게 감사원으로 향하는 길목 좌편의 골목길로 향했다. 그동안 쌓아온 직업적 정체성을 버리고 정치계로 가는 것이 그로서는 고민스럽고 부담스럽지 않을 수 없었을 것이다.

박영선은 정치인을 꿈꾼 적이 한 번도 없다. 대학 시절에도 그랬고, 기자가 된 뒤 정치인을 접할 기회가 많았을 때에도 그랬다. 다들 한 번 정도는 해보고 싶어 하는 정치부 청와대 출입 기자 제안이 왔을 때도 경제 분야 한 우물만 파겠다며 거절했던 그였다.

나는 "가는 것도 나쁘지는 않겠다."라고 조언해주었다. 발걸음은 삼청동 공원 숲길로 이어졌다. 우리는 로버트 프로스트의 시 〈가지 않은 길〉에 대해서 주고받았다. 선택하면 그게 길이 되는 게 아닌가. 오래된 길도 있고 새 길도 있다. 박영선의 결단이 임박했구나, 하는 감이 왔다.

다음 날 회사에 출근한 박영선이 경제부 사무실을 오가는 모습이 보였다. 그러더니 사표를 내고 간다고 말했다. 바로 직전까지 그는 MBC의 경제부장이었다. 2004년 1월 13일, 유난히도 추운 날이었다.

박영선이 바람처럼 사라지고 난 뒤 전날 삼청동에 갔던 일이 명료하게 다가왔다. 큰일을 앞두고 이성적으로 따져보고 결심을 했다 하더라도 좀 더 확실한 것에 기대고 싶은 것이 인간의 연약한 심리 아니겠는가. 그리고 정치에 입문한다고 하면 일단 색안경을 끼고 보는 것이 현실이었다.

정치에 입문할 때는 아무런 계산을 해서는 안 된다는 말이 있다. 박영선의 입장에서는 그동안 입지를 다진 MBC를 그만두는 것이 쉽지 않았을 것이다. 20년 넘게 앵커로, 경제 기자로, 특파원으로 커리어를 쌓으면서 경제부장이라는 자리에까지 올랐다. 그것도 MBC 최초의 여성 경제부장이었다. 방송 전문가로서 더욱 큰 꿈을 꿀 수 있는 요충지에서 천직을 그만둔다는 것은 엄청난 결단을 필요로 한다. 많은 것이 보장된 직장을 떠나 광야의 정치판으로 갈 때는 더더욱 그렇다.

정치계에서 박영선에게 구애를 보내온 것이 처음은 아니었다. 2000년 총선 당시에도 여야로부터 비례대표 제안이 왔지만 박영선은 일언지하에 거절했다. 방송 전문가로서 외길을 가겠다는 의지가 강했다. 그런데 2004년은 무엇이 달랐는가.

인연이란 참 묘한 것이다. 2004년 한국 정치판에는 광풍이 불고 있었다. 민주당에서 분당한 열린우리당이 창당되었고, 그 전선에는 몽골 기병 같은 정치인 정동영이 있었다.

정동영은 MBC 기자 출신이다. 박영선의 전임 로스앤젤레스 특파원이기도 했다. 두 사람 다 공히 방송의 달인들이다. 1996년 정치에 입문한 정동영은 8년 만에 갓 창당한 열린우리당 의장이라는 권좌를 거머쥐기 일보 직전에 있는 잘나가는 정치인으로 성장했다.

앵커와 기자로서 입지를 다지고 경제부장으로서 새롭게 발돋움하던 시기의 박영선에게 정치 입문은 참으로 어려운 결단이었다.

2004년 1월 11일, 열린우리당 전당대회가 있었다. 정동영이 당의장으로 선출될지 여부가 결정되는 날이었다. 이날 박영선은 정동영으로부터 전화를 받았다. 그는 다짜고짜 저녁에 보자고 일방적으로 약속을 잡고는 전화를 끊었다. 덧붙여 이 변호사^{박영선의 남편}랑 같이 보자고 했다. 그 당시를 박영선은 이렇게 회상했다. "정동영 선배가 그날 당의장에 선출되면 전화할 테니 나와서 축하해달라고 해서, 그저 축하하는 자리이겠구나 생각했지요."

그런데 약속 장소에는 박영선 부부와 정동영 의장 세 사람이 전부였다. 정동영은 이제 막 당의장에 선출된 터라 표정이 상기되어 있었다. 그는 댓바람에 박영선에게 도와달라고 청했다. 정동영식 어법이었다. 깨끗한 정치를 구현하기 위해서는 당의 메시지를 전달할 신선한 인물이 필요하고, 그 적임자가 박영선이라고 정동영은 열변을 토하듯 말했다. 정동영 입장에서는 당선 축하 모임에도 가지 않고 박영선을 만났으니 자신의 진정성은 입증한 터였다. 그 자리에서 박영선은 거절했다. "정치는 제 일이 아닌 것 같습니다."

정치는 자신과는 상관없는 먼 나라 이야기로만 여겼다. 방송 전문가로서 꿈을 실현하는 것이 목표였다. 정치에 입문하기 위해 정치판 주변을 기웃거리거나 공을 들인 적은 단 한 번도 없었다. 박영선의 인지도와 이미지가 탐나서 정치권에서 수차례 러브콜이 왔지만 모두 거절했다. 그만큼 방송에 애착이 컸고, 방송에 인생의 커리어를 걸었다. 그 길을 하루아침에 접고 새 길로 들어선다는 것은 대단한 모험이었다.

정동영과 헤어져 집으로 향하는 길에 박영선과 남편 사이에는 어색한 침묵이 감돌았다. 집에 돌아오고 나서야 남편이 조심스럽게 입을 열었다. 대한민국 정치가 깨끗해지기를 바란다면서, 정동영 의장을 한 번 도와주는 것이 어떻겠느냐고 덧붙였다. 남편의 예기치 않은 말에 박영선은 멈칫했다. 사실 박영선의 남편인 이원조 변호사는 정치 감각이 있고 나름 정치 세계를 아는 사람이다. 두 사람의 대화가 이어지던 중에 또 다시 정동영이 전화를 걸어와 박영선의 결심을 재촉했다. 길고 긴 하루였다.

열린우리당 대변인 제의를 받은 뒤 박영선은 고민에 빠졌고, 그 이튿날 삼청동 길에서 장고를 한다. 그를 특히 고민하게 만든 것은 노무현 대통령의 '정치 개혁을 위해 정치를 모르는 깨끗한 이미지의 대변인이 필요하다.'는 의지였다. 그 길에서 이것이 운명이라면 운명에 순응하겠다는 마음의 선택을 했을 것이다.

1월 13일 이른 아침에 정동영 의장이 다시 전화를 걸어왔다.

"오늘 바로 대변인 임명을 발표해야 하는데 시간이 없소! 대한민국의 미래를 위해 도와주시오!"

숨이 넘어갈 듯한 목소리였다. 당의장 첫 인선으로 활어 같은 박영선만 한 카드가 없었고, 이 일이 성사되면 언론의 집중 조명을 받으리라는 것쯤은 기본수로 갖추고 있었다. 그런데도 박영선으로부터 답이 없자, 정동영은 남편을 들먹였다. 사실 박영선과 정동영 사이에는

MBC 선후배 사이라는 관계를 넘어서는 깊은 인연이 있다. 박영선과 그의 남편 이원조 변호사가 맺어지도록 힘을 쓴 사람이 바로 정동영이었다. 정동영이 로스앤젤레스 특파원으로 있을 당시 친하게 지내던 이원조 변호사를 후임 특파원인 박영선에게 소개해 결혼에 골인했던 것이다.

정동영은 남편을 중매해주었으니 빚을 갚으라며 다그쳤다. 생떼나 다름없었지만 그게 결정타가 되었다. 전화를 끊은 뒤 박영선은 회사로 달려 나갔다. 대전환의, 새로운 운명을 향한 발걸음이었다. 사직서를 썼다. MBC 로고가 선명하게 새겨진 봉투에 담았다.

여의도 열린우리당 당사로 가서 입당 기자회견을 했다. 2004년 1월 13일, 정치인 박영선이 탄생한 날이었다. 그리고 박영선 인생의 변곡점이 된 날이었다.

"정치에 뜻이 없다면 대변인 한 후 MBC로 돌아가이소."

노무현 대통령은 박영선을 이렇게 설득했지만, 박영선은 MBC로 돌아간다는 것이 현실적으로 불가능하다는 사실을 열린우리당 입당 직후 알게 되고서 크게 낙담했다고 했다.

::

정치 논평의 흐름을 바꾼 대변인

정치인에게는 수습 기간이 없다. 정치인이 되는 순간 현실과 치열하게 마주해야 한다.

흔히 '정치는 언어'라고 하는데 가장 정확한 레토릭이 아닐까 싶다. 언어를 통해 대중의 마음에 자리하는 것이 정치 소통의 핵심이니까.

열린우리당 대변인 박영선의 진가가 발휘되기까지는 오랜 시간이 걸리지 않았다. 오랜 세월 TV 카메라와 마이크 앞에 섰던 경륜은 무서운 것이었다. 간략하고 명쾌한 박영선 대변인의 성명은 정치판에 신선한 바람을 일으켰다. 방송으로 훈련된 쉽고 간결한 언어는 유권자의 마음을 사로잡았고, 핵심을 한 문장으로 녹아내는 논평은 귀에 쏙쏙 들어왔다.

당시만 해도 대변인 논평이나 성명은 대부분 문장이 길었다. 그래서 박영선 스타일에 익숙하지 않은 신문 정치부 기자들은 더러 불만을 터뜨리기도 했다. 하지만 박영선은 자신의 스타일을 고수했고, 불만을 토로하던 기자들도 박영선에게 익숙해져갔다. 방송사 보도국에서는 박영선 대변인의 논평을 편집해 넣기가 제일 편하다는 말이 돌았다. 대변인 논평이 아니라 방송 기자의 멘트 같았다.

노무현 대통령이 기대했던 대로 박영선의 신선함을 앞세운 이미지 전략은 제대로 먹혔고, 덩달아 열린우리당의 지지율도 수직 상승했다. 몽골 기병 정동영의 상큼한 행보에 박영선 대변인의 이미지가 상승 작용을 일으켰다. 당시 열린우리당을 취재했던 연합뉴스 김현재 기자는 이렇게 평가한다.

"박영선 대변인의 논평은 발표라는 테크닉 측면에서도 기존 대변인들과 달리 완벽하고 깔끔했지만, 내용 면에서도 덧붙일 게 없었어요. 박영선 대변인이 브리핑을 하면 더 이상 질문할 것이 없을 정도로 깔끔했죠. 정치 문맥의 아킬레스건을 아는 대변인이었어요."

기자들은 자연히 박영선 대변인의 말에 귀를 기울였다. 정치 현안을 쉽게 요리한 명쾌한 설명에 미디어의 구미가 당기지 않을 수 없었다. 받아 적으면 그대로 기사였다. 박영선은 대변인이라기보다는 정치 무대의 스타 같았다.

2004년 4월 총선에서 박영선은 열린우리당 비례대표 국회의원이 되었다. 선거운동을 위해 정동영 의장과 전국을 무대로 종횡무진 뛰었다. 대변인 업무가 중노동에 가까웠지만, 박영선은 완벽하게 자기 일을 해냈고 정치인으로서 빠르게 자리를 잡아가는 중이었다.

하지만 정치판은 변화무쌍하다. 생각지도 않은 일들이 폭탄처럼 터져 나온다. 그 난리통에 박영선은 정치 초년병이 감당하기에는 벅찬 일들과 마주했다. 4월 총선을 앞두고 두 가지 암초가 열린우리당을 덮친 것이다. 유세 중에 했던 정동영의 노인 폄하 발언과 노무현 대통령 탄핵이었다.

먼저 노무현 대통령 탄핵. 2004년 2월 24일 노무현 대통령은 방송기자클럽 초청 회견에서 열린우리당 지지를 기대한다는 취지의 발언을 했다. 이 발언은 일파만파로 정치판을 뒤흔들었다. 한나라당이 새천년민주당과 함께 대통령 탄핵 소추안을 냈고, 이 탄핵 소추안이 국회에서 가결되는 정당정치 초유의 사태가 벌어졌다. 박영선은 탄핵안 가결 뒤 청와대를 다녀온 정동영 의장을 국회 본관에서 맞았다. 그때의 정동영을 박영선은 이렇게 기억한다. "정동영 선배를 꽤나 오랜 시간 봐왔지만, 그렇게 풀이 죽고 어깨가 처진 모습을 본 것은 처음이었다."

그로부터 한 달 정도가 지난 4월 1일, 총선 열기가 한창인 와중에 정동영 의장의 노인 폄하 발언이 다시 한 번 정치판을 뒤흔들었다. 아니, 열린우리당을 곤혹스럽게 만들었다. 대구에서 인터뷰한 내용이 마치 60~70대는 투표를 하지 않아도 된다는 식으로 맥락이 잘린 채 방송되었고, 이 방송은 노인 폄하 발언으로 둔갑해 미디어에 도배가 되

박영선은 정치에 입문하자마자 웬만한 중진 국회의원들도 경험해보지 못했을 어려움을 연거푸 견뎌내야
했다. 하지만 호된 신고식을 치르면서 그는 더욱 단단해졌다.

었다. 정동영 의장이 해명을 하고 사과 방송을 냈지만, 폭풍 같은 기사 공세를 막기에는 역부족이었다. 잘나가던 정치인이 돌부리에 걸리면 융단 폭격을 퍼붓는 것이 미디어의 생리라고는 하지만, 열린우리당이나 정동영 의장에게 그 일은 악재 중의 악재였다.

정동영 의장은 지방유세 일정을 모두 취소하고 귀경했다. 남은 유세 일정은 박영선이 떠맡았다. 대변인이 아니라 당대표 대행 역할이었다. 어떤 날에는 30분 간격으로 유세장을 옮겨 다니며 600킬로미터를 달리기도 했다. 강행군이 이어졌다. 지원을 나간 지역구의 후보가 누군지도 모른 채 선거 유세를 한 적도 있었다. 박영선의 순발력과 불굴의 의지가 발현되는 순간이기도 했다. 전국적인 인지도를 가진 박영선은 어느 동네 어느 골목에 가도 환호를 받았다.

하지만 한나라당과 새천년민주당의 정치 공세는 집요했다. 열린우리당이 과반 의석을 유지하기 어려울 것이라는 전망이 제기되자, 정동영 의장은 중대 결심을 한다. 과반을 지키기 위해 자신의 모든 것을 던진 벼랑 끝 전략을 쓴 것이다. 총선을 사흘 앞둔 4월 12일 밤 9시, 정동영 의장은 생방송 기자회견을 했다. 선대위원장과 비례대표직을 내놓겠다고 했다. 그는 원래 당의장직을 던지려 했으나 노무현 대통령이 만류한 끝에 그 선에서 매듭을 지었다. 그리고 이틀 뒤 열린우리당은 의석수의 과반을 넘긴 152석을 얻는 데 성공한다. 추미애 선대위원장의 새천년민주당은 9석을 얻는 데 그쳤다.

참 아이러니한 일이다. 박영선에게 정치를 권유했던 정동영은 원외가 되었고, 박영선은 비례대표 국회의원으로 국회에 진입했다. 사람 팔자 한 치 앞을 내다볼 수 없다더니, 이런 걸 두고 하는 말인가 보다.

정치에 입문하여 비례대표로 국회에 입성하기까지의 3개월 동안 폭풍이 몰아치지 않은 날이 단 한 번도 없었다. 그 3개월간의 정치적 파란은 실로 엄청난 것이었다. 박영선은 초선 의원으로서는 겪어보기 힘든 현장 정치의 담금질을 거쳐 의정 생활을 시작하게 되었다. 권력의 비정함을 지근거리에서 생생하게 지켜보며 온몸으로 체험한 시간이기도 했다.

::

구로로 향하다

졌다.

정동영은 이명박에게 큰 표 차이로 무릎을 꿇었다. 2007년 겨울만큼 칼바람이 매섭고 폭풍우가 세찼던 계절이 있을까. 박영선은 홍제동의 정동영 집에서 TV 화면으로 승자가 광화문을 지나가는 모습을 지켜보았다. 눈물이 북받쳤다.

2004년 박영선이 정치에 입문하던 해 정동영은 노인 폄하 발언으로 의원직을 포기했다. 2007년 대선에서도 크게 패했다. 박영선 입장에서 보자면, 자신을 정치 세계로 인도한 스승이 패자로 전락한 것이다. 참으로 기나긴 초선의 4년 세월이었다.

돌이켜 보면, 2007년 대선 때 박영선도 혼신의 힘을 쏟아 한나라당 이명박 후보와 싸웠다. 특히 이명박의 아킬레스건이라 할 수 있는

BBK 사건은 박영선의 기자 시절 취재 수첩에 내막과 경위가 메모되어 있었기에 이명박 후보를 면전에서 거칠게 쏘아붙일 수 있었다. 그것은 진실을 밝히기 위한 싸움이었다. 박영선은 무너진 사법 정의에 통곡했다.

대선은 제로섬 게임이다. 지면 모든 것을 잃는다. 게다가 제왕적 대통령이라는 권력 구조 속에서 정치 보복이 자행되는 것도 일반화되어 있던 시절이었다. 박영선에게도 소환장이 무수히 날아들었다. 시련은 박영선 개인뿐 아니라 가족 전체에게 닥쳤다. 남편은 그동안 잘 다니던 서울의 직장을 큰 이유 없이 그만두게 되었다.

이 대목에서 박영선이 필자에게 건네주었던, 독일 동방 정책의 설계자 에곤 바르의 책 한 구절을 상기해보는 것이 위안이 되리라.

민주주의에서는 사람을 독약이나 비수로 죽이지 않는다. 그러나 민주주의에도 승자와 패자는 있다.

2008년 봄은 잔인했다. 박영선은 새로운 직장을 찾아 나선 남편을 일본으로 떠나보냈다.

총선이 다가오고 있었다. 하지만 그는 완전히 진이 빠진 상태였다. 총선에 대비할 겨를도 없었고, 마음의 준비도 할 수가 없었다. 이명박 대통령을 BBK로 공격했던 일로 인해 그를 얽어매려는 시도가 곳곳에 도사리고 있었다. 그러던 어느 날 검사로부터 전화를 받았다.

"의원님, 총선에 출마하시면 소환 날짜를 늦출 수 있습니다."

무슨 뜻일까? 일말의 양심일까? 그러나 정작 박영선 자신은 명한 상태였다. 그리고 2008년 3월 20일 총선이 한 달도 남지 않은 시점에 제기동성당 함세웅 신부로부터 전화가 걸려왔다. 강릉에 피정 와 기도 중인데 생각이 나서 전화한 것이라고 했다. 그리고 끝에 이렇게 덧붙였다. "출마하세요. 출마해서 가슴속 이야기를 하세요. 그렇지 않으면 병이 날 거예요. 이것이 신부님 다섯 분이 모여 기도하던 중에 내린 하느님의 응답입니다." 박영선은 고민해보겠다고 답했다. 다음 날 함 신부님께 그렇게 하겠다고 전화를 드렸다. 뭔지 모를 눈물이 뺨을 타고 흘렀다. 함 신부님은 "이제 내가 도와줄 일은 3월 23일이 부활절이니 그 지역 가장 큰 성당에 가라는 말밖에……."라고 일러주었다. 그렇게 해서 박영선은 출마를 결심했고, 3월 22일 구로을 지역구에 공천을 확정받았다.

3월 23일, 구로을 지역구에 신고식을 하러 갔다. 그 첫 장소가 구로 3동성당이었다.

주임 신부가 의외로 반갑게 맞아주었다. 신부들은 원래 정치인을 잘 안 만나는 편인데 그 신부는 남달랐는지 "힘내세요. 하느님의 구원이 있을 것입니다."라며 은혜의 덕담까지 건네주었다.

구로3동성당은 구로을 지역구에서 가장 큰 성당으로, 남구로역과 디지털단지 가는 길 중간의 서민 동네에 위치하고 있다. 나중에 안 일이지만, 원래는 한나라당 후보가 신부를 방문하기로 되어 있었는데 오지 않았고, 공교롭게도 그 시간에 박영선이 방문한 것이었다.

3월 23일, 부활절. 박영선은 미사에 참여했다. 많은 신자들이 운집했고, 모두들 박영선을 알아보았다. "박영선이 우리 지역구에 출마하느냐?"는 수군거림이 들려왔다. 다음 날 박영선은 후보 등록을 했고 25일 선거사무소 개소식을 했다. 일주일 동안 모든 것이 일사천리로 진행되었다. 박영선은 구로을 지역구 의원으로 출사표를 던졌지만, 조직도 딱히 없는 초라한 출발이었다. 대대적으로 조직을 움직이는 선거를 치를 생각은 없었다.

우연인지 필연인지 박영선은 삶의 중요한 고비에 놓일 때마다 늘 신부가 있었다고 고백한다. 외롭고 힘들었던 새내기 직장인 시절 춘천에는 오 신부가 있었고, 대선 패배라는 수렁에서 비루한 인간사에 대한 짙은 회의로 잠시 걸음을 멈추었을 때는 함세웅 신부가 구로로 인도했다. 선거 유세 중에 구로3동성당을 지나면서 박영선이 "신부님, 저 왔어요."라고 인사를 건네면 신부는 손을 입으로 가져가 조용히 하라는 신호를 주면서도 반가운 표정으로 반겨주었다.

여호수아가 요단강을 건넜듯이 박영선은 진실이 승리한다는 신념으로 정치 인생의 결정적인 건널목을 건넜다. 구로에서 뿌리를 내린 12년을 돌이켜 보건대, 그 선택은 참으로 운명적인 것이었다.

공간이 운명을 결정한다는 말은 어느 정도 설득력 있는 격언이다. 공간이 출신과 이어지고, 출신이 인연을 만들어가며, 그 인연 속에 인

박영선은 2004년 비례대표 의원을 지낸 뒤 2008년에 구로을 지역구로 향했다. 이후 구로을에서만 세 번 당선되었다. 사진은 2016년 총선 당시 선거 유세를 펼치던 때의 모습이다.

생의 포물선이 그려지는 그런 운명 말이다. 박영선은 일찍이 인터뷰 프로그램 〈박영선의 사람과 세상〉을 진행하면서 구로구 벌집의 애환을 취재한 바 있다. 그런 것도 다 예정된 인연이라면 인연 아니겠는가. 당시 구로구 벌집을 취재한 것은 우리 사회의 낮은 데를 살펴보려는 기획 의도에서 비롯된 것이었다.

구로는 박영선에게 새로운 메시지를 던지고 있었다. 그리고 구로을은 정치인 박영선의 새로운 시험대였다. 1970년대 대한민국 수출의 전진기지였던 구로공단이 자리 잡고 있는 곳, 상경해서 정주할 곳을 찾지 못한 청춘들이 삼삼오오 모여 반지하 방에서 라면을 끓여 먹으며 결기를 다지던 곳, 한국 경제의 밑동을 받치던 구로가 새 희망을 기다리고 있었다.

당선 소식을 접하고 박영선은 가장 먼저 찾았던 구로3동성당의 텅빈 의자에 홀로 앉았다. 가슴이 서늘해지더니 만감이 교차하며 눈물이 흘렀다. '보라, 내가 새 일을 하려 한다.'는 〈이사야서〉의 구절이 귓가를 맴돌았다. 박영선은 다짐했다. '그래, 열심히 하자.'

구로을이라는 기항지의 첫 전투는 완승으로 끝났다. 정치 활동에서 당선에 견줄 만한 것은 없다. 박영선은 모처럼 웃었다. 구로을은 그렇게 해서 박영선의 정치 1번지가 되었다. 구로역을 지나면서 유난히 커지는 기차 소리가 들려왔다. 그는 직장 초년생 시절 춘천 KBS로 출퇴근할 때마다 귓전을 스치던 경춘선의 기차 소리를 떠올렸다.

::

구로 아리랑

　박영선은 신도림역사 복합 건물 안에 있는 Think Coffee를 자주 찾곤 했다. 그곳에 앉아 차를 한 잔 놓고 있는 시간이 좋다고 했다. 그곳에서 사람을 만나고 생각에 잠긴다. 필자도 그 커피숍에서 커피 한 잔, 빵 한 조각을 놓고 박영선과 많은 이야기를 나누었다.

　"아이가 자라듯이 지역도 시간이 지남에 따라 성장하는 것을 신도림역을 통해 느껴요. 삶과 문화가 숨 쉬는 복합 공간으로 만들겠다는 구상이 이제 완성 단계로 접어들어 뿌듯하기도 합니다."

　Think Coffee의 창밖을 통해 분주히 오가는 시민들의 모습이 보인다. 회랑을 따라 형성된 특산물 장터에도 활기가 넘친다. 문을 열고 나서서 광장에 들어서면 젊음의 열기가 느껴진다. 신도림역사 안에는 각종 문화시설이 갖추어져 있고, 공연 무대도 들어섰다.

"2008년에 처음 지역구를 맡아 구로에 왔는데, 시간이 흐르니 구상했던 정책들이 현실화되면서 구체적으로 나타나는 것 같아요. 정치에도 시간이 많이 필요하다는 사실을 실감해요. 늘 구로와 인연을 맺은 초심을 잃지 않으려고 해요."

그가 말한 '초심'이란, 구로동 벌집과의 만남을 뜻한다.

앞서 밝혔듯이, 박영선은 MBC 재직 시절 처음 구로동과 인연을 맺었다. 특히 벌집촌을 취재했던 일이 강한 인상을 남겼고, 많은 것을 생각하게 만든 기회가 되었다. 당시 박영선은 벌집촌에 사는 한부모가정의 아이들과 멘토 대학생을 연결해주는 일을 하는 사람을 취재했다. 자원봉사자와 동행하면서 일주일 동안 그들의 일상을 관찰했다. 자원봉사자가 존경스러웠고, 어려운 형편에 있는 사람들의 삶을 보다 적극적으로 들여다보는 계기가 되었다. 그 무렵에 박영선은 자신의 낡은 가방에서 눈길을 떼지 않던 벌집촌 아주머니에게 그 낡은 가방을 주고는 취재 현장을 떠난 적이 있다. 너무 마음이 안되어서 그 가방이라도 주어야 마음이 편할 듯해서였다.

그런데 인연이란 종종 뜻하지 않은 모양으로 나타난다. 박영선이 구로을 지역구에 공천을 받고 선거 유세를 다닐 때였다. 마침 구로역에서 오래전 벌집촌을 취재할 때 만났던 그 아주머니와 재회했다. 무척이나 반가웠다. 아주머니는 반드시 찍어주겠다며 손을 꼭 쥐었다. 그런데 박영선의 가슴을 더 뜨겁게 했던 것은 그 아주머니의 손에 그 낡은 가방이 들려 있었다는 점이다. 박영선은 감격스러워서 눈시울이

타는 곳 Tracks

2015년의 신도림 선상역사 준공식

뜨거워졌다. 지역구에 출마한 후보자에게 그보다 가슴을 뜨겁게 만드
는 풍경이 있을까?

구로구 지역은 과거에는 상대적으로 낙후된 곳이었다. 한국 수출산
업의 전진기지였던 구로 수출공단은 개발 시대 대한민국을 대표했다.
하지만 이곳에서 일을 하던 노동자들의 삶은 힘들었다. 구로공단은 이
제 첨단산업의 메카로 거듭났다. 박영선은 구로을 지역구의 국회의원
이 된 뒤 자신의 트레이드마크라 할 수 있는 경제정의를 실현하는 일
을 고민했다. 그 구상은 세 가지 축으로 요약된다. 시장의 활성화, 문
화가 흐르는 마을 그리고 구로단지의 첨단화다.

선거 때가 되면 지역구 의원들은 공약을 한다. 의원이 되면 이렇게
해보겠다는 포부를 유권자에게 약속하는 것이다. 공약은 선거용에 그

칠 수도 있고 실제 업적으로 실현될 수도 있다. 국회의원의 평가 점수는 법안 발의와 함께 현장의 공약 실행으로 매겨진다. 사실 지역구에서 주민들의 삶을 제대로 살피지 못하고 현안을 챙기지 못하는 의원은 큰일을 해낼 능력이 없다고 보아야 한다. 지역구는 하나의 작은 나라다. 작은 나라를 제대로 다스리지 못하면 큰 나라를 다스릴 수 없다. 그렇다면 박영선은 얼마나 많은 일을 했을까? 현장에서 확인해볼 필요가 있다.

구로구 박칠성 구의원은 먼저 신도림역이 몰라보게 변했다고 말한다. 단순히 역의 규모가 커지고 이용객이 늘었다는 이유에서만이 아니다. 신도림역의 정체성이 완전히 달라졌다. 신도림역 앞에서 포장마차를 운영한 경험이 있는 박칠성 구의원은 이렇게 덧붙였다.

"상전벽해라고 하지요? 예전에는 신도림역이라는 것이 연탄공장 옆에 있는 우중충한 건물이었습니다. 지금 보세요. 달랑 테크노마트 저 높은 건물 하나 있던 신도림역 주변이 완전히 복합 도시로 탈바꿈했습니다."

박영선 의원이 신도림역 프로젝트를 세운 뒤 수백억 원의 국가 예산이 투입되었다. 젊은이들이 많이 찾는 신도림역 디큐브 광장은 선상 역사와 함께 명소가 되었다. 박칠성 구의원의 이야기가 이어진다.

"그사이 신도림역 주변 아파트 값이 무지 올랐습니다. 신도림역이 뜨니 주변 상권이나 아파트 시세도 덩달아 올라간 거죠."

신도림역은 단순한 역이 아니다. 서울의 동서남북을 잇는 환승 센터 기능을 한다. 그만큼 수많은 서울 시민이 신도림역을 거쳐 간다. 신도림역은 환승 센터답게 역사가 복합 공간으로 진화했다. 단순히 백화점만 들어선 게 아니라 공연장, 교육 시설 등 삶에 필요한 제반 분야의 시설이 들어서 하나의 도시처럼 기능한다. 신도림역에 오면 심심할 일이 없다고 할 정도다.

서민 경제의 현장인 시장도 문제다. 남구로역으로 올라가는 대로변에서 좌측으로 들어서면 주택가를 관통하는 골목길이 보인다. 골목길 입구에는 '남구로시장'이라고 적힌 멋진 아치형 안내판이 서 있다. 주말 오전, 마치 명절 전날처럼 인파로 붐빈다. 깔끔하게 정돈된 모습이 이채롭다.

사실 우리나라의 재래시장은 그동안 시장 환경을 개선하기 위한 여러 가지 정책이 시행되면서 꽤 현대적으로 발전했다. 그런데 남구로시장에는 그렇고 그런 재래시장과는 다른 스토리가 있다. 당시 남구로시장 상인회 주흥 부회장의 이야기를 들어보자.

주흥 부회장은 남구로시장에서 쌀가게를 운영하고 있다. 그는 원래 삼호중공업이라는 조선회사에서 일했지만, IMF 때 해고되었다. 살길을 찾기 위해 무작정 상경하여 자리를 잡은 곳이 바로 이곳이었다. 남구로시장은 정식 시장이 아니라 골목길에 자연 발생적으로 조성된 시장이다. 골목길 양옆으로 상인들이 물건을 내다 놓고 팔았다. 장터로 조성한 곳이 아니어서 물건을 사는 사람도, 파는 사람도 매우 불편했다. 그러다가 엎친 데 덮친 격으로 2010년에 물난리가 났다. 큰 비가 닥치자 배수 시설이 제대로 안 된 골목 시장이 그대로 물에 잠겼다. 주홍 부회장의 기억.

"장화가 소용이 없을 정도로 빗물이 무릎을 넘을 만큼 찼어요. 가게들은 완전히 물에 잠겼고, 물이 빠지는 데도 며칠이 걸렸어요. 그런데 당시 박영선 의원이 가전회사에 도움을 요청해 물에 잠겼던 냉장고 등 가재도구를 모두 수리해주도록 했습니다. 박 의원이 직접 와서 상인들과 함께하던 기억이 어제처럼 선명하네요."

물난리를 겪은 뒤 남구로시장은 대변신을 위한 작업에 들어갔다. 골목길 재래시장에서 인증 시장으로 성격이 전환되고, 박영선 의원의 시장 활성화 정책에 따라 대대적인 예산 지원이 이루어졌다. 시장 입구와 출구에 '남구로시장'이라는 아치형 안내판이 걸리고 시장은 현대화되었다. 배수 시설도 새롭게 손을 보았다. 재래시장 특유의 퀴퀴한 냄새도 싹 사라졌다. 가게들은 현대적인 상가로 탈바꿈했다. 사실 시장에 지붕을 설치하는 등 현대화를 추진하는 과정에서 잡음이 많았고 기존 건물주들의 반발도 심했지만, 끈질기게 교섭하며 상생의 길을 찾아냈다. 다시 주홍 부회장의 말이 이어진다.

"상인들은 죽었다 살아난 기분이었어요. 물난리 이후 가게를 내놓아도 아무도 거들떠보지 않아서 길거리에 나앉기 일보 직전이었습니다. 박 의원의 시장 현대화 작업으로 일자리가 보전되었고, 이후 매출도 이전보다 30퍼센트 정도 늘었습니다. 먹고살기 좋아진 거죠."

주홍 부회장의 설명은 결코 과장이 아니다. 일부 가게는 맛집으로

현대화된 남구로시장. 갖가지 교육과 공연이 다채롭게 펼쳐지는 문화 공간이기도 하다.

소문이 났다. 오늘날 현대화된 남구로시장은 갖가지 교육과 공연이 다
채롭게 펼쳐지는 문화 공간이기도 하다.

이제는 제법 유명세를 타서 손님이 인산인해를 이룬다. 그중 하나가
칼국수 가게다. 보리밥과 멸치 칼국수를 파는데, 멀리서 일부러 찾아
올 정도로 소문이 났다.

남구로시장은 구조물을 현대화한 데에서 그친 것이 아니다. 인근에
중국인 동포 밀집 지역이 있는 것을 감안해 시장 상인들을 대상으로
중국어 학습을 실시했다. 그리고 각종 공연을 상시화해서 볼거리 풍
부한 문화 공간으로 변신했다. 구로 지역에서 가장 잘나가는 시장, 사
람들이 가고 싶어 하는 시장인 남구로시장은 주변의 마트나 백화점과
견주어도 손색이 없는 삶의 공간으로 진화 중이다.

서민 동네가 많은 구로구에서 시장은 광장이나 다름없다. 사람들이

모이고 거래가 활발해야 주민들의 삶에도 희망이 깃든다. 다시 주홍 부회장의 설명.

"남구로시장뿐만 아니라 지역구의 구로시장과 가리봉시장이 사실상 하나의 네트워크로 연결되는 날이 머지않았습니다. 박 의원의 시장 철학이 결실을 맺어야 한다는 것입니다. 자주 시장에 와서 상인들의 애로 사항에 귀 기울이고 같이 칼국수 한 그릇 먹고 가는 서민적인 모습에 다들 좋아했습니다. 명절 때나 생색내려고 찾아오는 정치인과는 질적으로 다릅니다. 박영선 의원의 가식 없는 모습에 시장 상인들이 놀라고는 했습니다."

박영선 의원이 추진했던 지역 경제 활성화 전략의 세 가지 축인 신도림역사의 복합 공간 완성, 디지털단지의 첨단 기지화 그리고 재래시장의 활성화는 계획대로 진행되었다. 국가 경제의 축소판이라 할 수 있는 지역구에 올바른 정책이 안착할 때 어떤 일이 일어날 수 있는지를 구로구가 증명해 보이고 있는 셈이다. 특히 폐허나 다름없었던 남구로시장을 되살린 경험은 박영선에게 실물경제를 직접 체험하는 좋은 기회가 되었다. 그가 지향하는 경제정의가 하나의 철학이자 반드시 도달해야 할 이상향이라면, 시장경제 활성화는 그것을 현장에서 검증하는 것이라 할 수 있다. 박영선은 지역구에서 진행한 일련의 사업을 통해 이론과 지식만이 아니라 실무 역량까지 겸비했다는 평가를 받았고, 이는 소상공인과 중소기업을 살펴야 하는 중소벤처기업부 장관 역할을 수행하는 데 밑거름이 되었다.

기자 시절 박영선은 구로공단을 취재하면서 한국 경제의 밑동이 무엇인지 분명하게 인식한 바 있다. 정치인으로 변신한 뒤 초선 시절부터 일관되게 경제정의를 실현하기 위한 입법 투쟁을 벌였었다. '투쟁'이라고 표현하는 이유는 그만큼 경제정의를 세우기 위한 과정에 저항과 반대가 심하고, 그래서 어렵고 힘들며, 지금도 진행형이라는 의미를 담기 위해서다. 그가 말하는 경제정의는 재벌에 유리한 제도적 장치를 타파하고 대기업이 중소기업을 약탈해가는 구조를 개선하며 중소기업과 자영업자들이 고루 잘사는 경제 시스템을 구축하는 것을 뜻한다.

박영선은 일찍이 이렇게 말한 적이 있다.

"구로에서 내 삶은 새롭게 눈을 떴습니다. 삶의 본질을 보았고 만났습니다. 그 점에서 구로는 나의 정치적 고향이자 가치를 구현하는 현장입니다. 구로에서 제대로 하지 못한 채 제가 더 큰 그림을 그리겠다고 자신 있게 말할 수는 없는 노릇입니다. 저는 구로에서 매일 배웠습니다."

구로의 터줏대감이라 할 수 있는 박칠성 구의원이 말한다.

"박영선 의원 이전에 당시 야당 출신 거물 의원들이 구로 지역을 많이 거쳐 갔습니다. 그들은 깃발만 꽂으면 당선된다는 안이함에 지역 주민들과의 소통에 소홀했습니다. 지역에 잘 나오지도 않았죠. 지역 주민들이 호남 민심으로 찍어주었는지는 모르지만, 찍어주었더니 코빼기도 비치지 않는다는 말이 많았어요. 알게 모르게 지역 주민들에

남구로시장을 찾은 박영선. 시장에서의 그는 영락없이 장을 보러 나온 주부가 되고 만다.

게 고자세라는 뉘앙스로 비쳐졌어요. 그런데 박영선 의원이 이를 완전히 바꾸어놓았습니다."

박영선은 지역 주민과 동고동락하겠다는 마음을 일관되게 유지했다. 인지도가 워낙 높기도 하지만, 밀착형 지역구 관리 탓에 그는 어딜 가나 먼저 손을 내미는 주민들에게 둘러싸인다. 친근한 아줌마 같은 낮은 자세로 귀 기울이는 정치를 박영선은 자신의 삶을 통해 보여주고 있다.

영웅은 자신에게 걸맞은 집을 짓는다는 말이 있다. 박영선은 구로 지역 공동체의 집을 만들었지만, 사실 그가 지을 집은 보다 큰 규모에 맞추어져 있는지도 모른다.

정치인이 예산을 끌어와서 집을 제대로 짓는 것만이 업적은 아니다. 예산을 제대로 쓰고 있는가라는 검증이 필요하다. 강바닥을 파서 수십조 원을 처박는 짓을 해놓고 그걸 치적이라고 내세우는 걸 우리는 봐왔다. 지도자가 눈에 보이는 치적에만 몰두할 때 국민의 가슴에는 산과 강에 낸 생채기만큼이나 오래 치료될 수 없는 상처가 남기 마련이다. 독일의 총리 빌리 브란트가 바르샤바에서 무릎을 꿇으면서 화해와 용서의 비문을 만들어 시대의 전환을 알렸듯이, 지도자는 무릇 시대의 향도嚮導가 되어 앞으로 나아가기 위한 돛대를 먼저 펼쳐 들어야 한다. 초선 의원 시절부터 줄곧 추구해온 정의로운 한국이 지금 박영선 앞에 놓여 있다. 그게 박영선의 궁극적인 브랜드다. 기득권을 타파하기 위해 윗물을 정화하는 제도 개혁이 필요하다. 그걸 설거지하지 않고는 전진할 수 없다. 박영선이 구로에서 가졌던 경험들은 그래서 더욱 소중하다.

::

계파 정치는 없다

정치는 수^數 싸움이다. 표를 많이 얻어야 당선되니 수가 많아야 유리하다. 의석수를 많이 차지한 당이 다수당이 된다. 여소야대라는 말은 야당이 의회 의석수를 많이 확보했다는 뜻이다. 여소야대 정국이 왜 드라마틱한가? 의회 권력이 야당 손에 있어서 입법 표결을 할 때 반전이 예상되기 때문이다. 다수결의 원리에 따라 투표를 할 때 숫자가 많은 쪽이 이긴다. 지당한 이야기다.

당내에서 같은 계열의 의원이 많은 그룹은 계파를 형성한다. 이들은 끈끈한 관계를 바탕으로 패권을 장악하고 큰일을 도모한다. 민주국가의 정당에서 이러한 일은 지극히 정상이다. 우리 정치사에는 동교동계, 상도동계 등 다양한 정치 파벌이 형성되어왔고 지금도 여전히 그렇다. 계파 정치를 곱지 않게 바라보는 시선이 많고 정당정치가 작

그는 스타 정치인이지만, 계파나 파벌에 속해 세력을 확장하고자 한 일이 없다. 하지만 때때로 계파에 속하지 않기에 현실정치의 벽에 막히기도 한다.

동하는 데 있어 역기능을 한다는 비판도 있지만 현실정치에서 계파는 자연스러운 현상이다.

박영선은 미디어에 잘나가는 정치인으로 비쳐진다. 선명한 의정 활동과 뚜렷한 결실들로 세인의 주목을 받는 스타 정치인이다. 하루가 멀다 하고 뉴스 화면을 차지하고, 지면에 등장하지 않는 날이 드물다. 정치인들은 대중의 관심과 주목으로 산다. 보이지 않으면 주목받을 수 없고, 주목받지 못하면 잊힌다. 이 등식을 제일 두려워한다. 그래서 정치판에서는 나쁜 일에 얽히더라도 일단 미디어에 등장해 존재감을 드러내야 한다는 우스갯소리도 떠돈다. 어떤 식으로든 노출되어야 주목을 받는다는 상황만으로 따질 때 박영선은 그야말로 압권이다.

페이스북에 올리는 한 줄 글이 기사화되고 대중의 관심이 집중되는 영향력 있는 정치인이다. 스포트라이트를 받는 부분만 따진다면 그는 결코 비주류가 될 수 없다. 직책을 수행하는 데 있어서도 여성 정치인 가운데 선두권을 형성하고 있다. 그러나 박영선은 계파에 줄을 서지도, 계파를 만들지도 않았다.

당내 직책을 맡고 그 역할을 충실히 수행하며 쌓은 업적에 대한 평가와 계파는 별개의 문제다. 박영선의 화려한 정치 경력은 계파라는 그늘 아래서 얻어진 것이 아니다.

정책위원장이 될 때도 계파끼리 나누어 먹기로 된 것이 아니라 별다른 인연도 없는 손학규 대표가 발탁해서 된 것이었다. 법사위원장역시 그 자신의 저력만으로 쟁취한 것이었다. 원내대표도 마찬가지였다. 그는 지역구에서도 투명한 정치, 돈 안 드는 정치, 조직 없는 정치를 실현했다. 그러니 계파가 생길 환경이 조성될 수가 없다. 박영선은 계파를 만드는 것도, 계파에 속하는 것도 원치 않는다. 그게 그의 정치적 신념 중 하나다.

국회의원으로 거듭 선출되고 당내에서 이력과 연륜이 쌓이면서 중진으로 올라서면 휘하에 계보 의원을 거느릴 만도 한데 박영선은 그렇게 하지 않았다. 그는 패거리 정치를 배격한다. 특히 극단적인 이념이나 목적에 경도되어 집단을 형성하는 정치를 바르게 보지 않는다. 정치인들이 삼삼오오 모이는 것을 반대하는 것은 아니다. 전문적인 역량이나 정책적 관심을 통해 연대하고 회합하는 것을 오히려 지향한다.

당내 계파에 속하지 않으면서도 그가 정책위원장과 원내대표, 법사위원장 등 당 안팎의 요직을 거친 것은 그만큼 동료 의원들로부터 리더십을 인정받았기 때문이다.

박영선을 잘 아는 동료 의원들은 "재벌 개혁, 검찰 개혁은 아무나 손댈 수 없는 것이 정치판의 현실입니다. 그만큼 투명해야 하고 누구에게도 거리낄 것이 없어야 그런 힘을 낼 수 있습니다. 누구 눈치나 보면서 조심해야 한다면 그렇게 하지 못합니다."라고 말한다.

그의 정치 소신인 금품과 조직 없는 정치 현장을 실현하기 위해 인위적인 방법으로 돈과 사람을 동원하고 세를 불리며 과시하는 데 역량을 소모하는 일에 선을 긋는다.

"결국 시대정신과 합치하는 때를 기다립니다. 낡은 정치 풍토를 청산해야 한다는 노무현 대통령의 의지가 정치에 관심 없던 나를 설득했듯이. 그 길이 맞습니다. 맞는 방향이면 유불리에 집착하지 않고 가는 것이 나의 정치입니다."

사실 박영선은 학벌이 뛰어난 것은 아니다. 유력 가문의 자식도 아니다. 경남 지역에서 태어났지만 어린 나이에 서울로 올라왔기 때문에 우리나라의 주요한 정치 세력인 PK라는 파벌 정치의 딱지가 붙어 있지도 않다. 그는 정치에 입문하기 전 회사 조직에서도 일관되게 어떠한 파벌에 속하지 않았다.

방송사에서 근무하면서 앵커를 시작으로 첫 여성 해외 특파원, 첫 여성 경제부장 등의 월계관을 쓰는 이력서를 작성했지만, 그것은 조직 내 파벌에 기대어 성취한 것이 아니었다. 화려하게 TV 화면에 등장해 만인의 주목을 받으니, 세를 거느리고 보스 행세를 했을 것이라고 생각한다면 엄청난 오해다. 전혀 그렇지 않았다.

과거 전두환 정권 시절 방송사 조직은 부서 배치나 출입처 배치에 공정하지 않은 적이 있었다. 좋은 출입처, 물 좋은 부서에 속하려고 줄을 서고 주류에 잘 보이려는 행태도 심심찮게 보였다. 과거 박영선이 기자 생활을 시작했던 초창기에는 특정 출입처에 특정 지역 출신을 안배해서 보낼 정도로 정치적 고려나 지역 차별이 심했다. 그런데 박영선은 그런 조직 분위기에 초연했다. 아니, 체질적으로 거부했다. 그는 자신의 입장을 분명하게 지켰다.

"기자 초년 시절 1980년대에 MBC 간부로부터 청와대 출입 기자 제의를 받았습니다. 다들 정치부로 가고 싶어 하고, 특히 청와대에 출입

박영선은 주류 세력으로부터 자유롭기에 우직하게 자신의 길을 갈 수 있다고 믿는다. 그리고 자신을 밀어주고 끌어주는 국민의 힘을 믿는다.

하는 것을 대단한 영광으로 생각했지만 저는 거부했습니다. 당시 회사 측의 의도는 청와대에 출입하면서 영부인의 동정 기사를 리포트하라는 것이었는데, 그런 접근법이 너무나 싫었습니다."

당시 MBC에서도 대다수의 기자가 물 좋은 출입처를 선망하고 있었다. 그러나 박영선은 그런 통념에 갇히지 않았다. 그는 경제 기자로 크고 싶었다. 그래서 경제부로 가서 일관되게 경제 현장을 누볐다. 박영선이 추구하는 경제정의는 이때부터 싹이 자랐다.

조직 내의 주류를 이루는 선배들이 자기네 파벌에 들어오라고 해도 그는 손을 내저었다. 앵커를 겸하는 여성 기자라고 해서 특별한 대우를 받고자 하는 그릇된 페미니즘도 생리적으로 거부했다. 그는 보통명사로서 앵커이고 기자이기를 원했다. 그런데도 그는 특파원 발령을 받고 첫 여성 경제부장을 역임했다. 스타 방송 기자였다. 이는 전적으로 그 자신의 능력에서 비롯된 것이었다. 앵커, 경제부 기자라는 전문성을 확보했다. 자기 브랜드를 확실하게 만들었다. 그때 쌓은 전문성이 정치판에 와서 빛을 발했고 그 경험의 점들이 선으로 연결되어 중소벤처기업부 장관으로서의 역량에 깊이를 더해줬다.

오늘날 우리는 부조리가 만연한 세상에 지쳐 있다. 기득권을 내려놓지 않으려는 특정 세력에게 분노한다. 금수저, 흙수저 논란이 멈추지 않는다. 그런 점에서 박영선은 우리 사회가 지향해야 할 바를 몸소 실천하고 있는 선구자다. 누군가에게 아부해서 힘을 얻으려는, 그렇게 얻은 그릇된 힘으로 남을 짓밟거나 특정 세력의 비호 아래 이득을 보려는 생각 자체가 머릿속에 아예 없다.

그는 학벌도 보통, 집안도 보통이다. 절대 다수의 국민들과 어깨를 나란히 한다. 박영선의 인생 역정이 그랬다. 동시대인들의 고만고만한 삶 속에서 비주류들이 겪는 고민을 그는 핀셋으로 끄집어내어 독해하고 실행해왔다. 국회의원이라는 직업이 주류에 속하지만, 그 같은 외형적 주류가 주는 안주를 스스로 허락하지 않고 서민의 고통과 아픔 속으로 들어가 문제를 해결하려고 했다.

서민이 목소리를 내는 세상, 서민에게 기회가 주어지는 세상이 좋은 세상이다. 그런 세상은 주류가 독차지한 특권의 말뚝을 뽑아내야만 가능해진다. 서민이 기죽지 않고 공평한 기회를 갖는 나라, 서민을 억압하지 않고 그들의 목소리에 귀 기울이는 세상을 만드는 것이 박영선의 정치 지향점이고, 그것을 위해 기득권 개혁에 앞장서 왔다. 그래야만 보통 사람들에게, 웅크린 청년들에게 기회가 주어진다고 확신한다.

우리는 대부분 개천에서 용 나는 세상을 꿈꾼다. 그래서 박영선은 서민의 희망이고자 한다.

::

정직하라, 그리고 탐하지 말라

MBC 재직 시절 박영선이 즐겨 찾던 식당이 있다. 회사 앞 공작상가 지하의 순천집이라는 백반집이다. 탁자 몇 개 놓여 있는 것이 전부인 이 집의 특색은 '시골맛'이다. 어머니가 손수 차려주는 듯한 소담스러운 밥상 말이다. 박영선은 젓갈류의 짭조름한 맛을 좋아한다. 미각이 대체로 고향과 연관이 있듯이 박영선의 미각 역시 부모로부터 물려받은 것이다.

박영선을 휴일에 만나면 영락없이 장 보러 나선 중년 아줌마의 모습 그대로다. 화장기 없는 수수한 얼굴에 소박하고 꾸밈없는 차림새, 한 손에 달걀 꾸러미가 담긴 비닐봉지를 들고서 여기저기 시장을 둘러보는 모습이 반찬 걱정하며 장 보러 온 가정주부 그대로다. 지역구에서뿐 아니다. 다른 지역에 가더라도 거리에 장이 서 있으면 그냥 지나치지 않는다. 이런 박영선의 소탈한 모습이나 입맛은 부모의 영향이 컸다. 경상도 출신 아버지와 개성 출신 어머니의 특징을 반반씩 물려받았다고 할까?

"영선이가 경희대 다닐 때 시집 조카가 부산 국제시장에서 옷을 한 벌 사 주었는데 오래도록 입었어요. 이번 여름에도 내내 집에서 그 옷을 입고 지냈어요. 낡고 헤지면 바느질해달라고 해요. 딸 하나 아들 둘 키웠는데, 큰딸인 영선이가 아들들하고는 달리 유독 그랬어요."

박영선의 어머니는 창녕에서 교편을 잡을 때 여학생들에게 가사를 가르쳤다. 재봉질, 바느질에 일가견이 있고 손재주가 좋으며 생활력이 강해서 웬만한 것은 집에서 만들어서 아이들에게 입혔다. 모래내 살 때도 그랬고, 연희동 언덕배기에 살 때도 그랬다. 어머니의 회상.

"영선이는 아래 동생들과 달리 내가 손수 지어 주는 옷을 좋아했습니다. 남산 KBS 방송국 아기 노래단에 다닐 때도 내가 옷깃이 있는 옷을 만들어 주면 그걸 좋아서 입고 다녔어요."

어머니의 키워드가 절약과 검소함이라면 아버지는 정직이다. 아버지는 깐깐했다. 박영선은 이를 두고 "아버지는 무척 완고한 분이었다."고 표현한다. 어머니는 "영선이가 춘천에서 근무할 때 여자가 집 나가서 혼자 있으면 안 된다고 해서 새벽에 출근해야 하니 나도 영선이 챙겨주느라 덩달아 고생했어요. 그런 남편이었습니다."라고 회상한다.

아버지가 경남 창녕군 남지에서 교사 생활을 할 때의 일화. 출장을 가면 모든 것을 일일이 다 적어서 보고하고 남은 돈 1원도 모두 반납할 정도로 정확했다. 학교의 경리 담당자가 질릴 만큼 결벽증에 가까웠다. 셈이 하나라도 틀리는 일이 없었다. 서울에서 직장 생활을 할 때도 명절 때 집에 들어오는 선물은 다 돌려보냈다. 아이들에게 용돈을 주면 그 사용 내역을 보고하지 않는다고 아이들을 타박할 정도였다. 아버지는 원리원칙 그대로 실행하는 융통성 없는 사람이었다. 어머니가 말한다.

"집에 액자로 만들어놓지는 않았지만, 가훈이 다름 아닌 정직과 검소였습니다. 남편은 공짜를 유독 싫어했어요. 남에게 조금도 신세지는 것을 용납하지 않는 성격이었고, 실제로 그렇게 했어요. 그러니 살림살이가 팍팍할 수밖에요."

어디 가는 것을 좋아하지 않아서 여행도 거의 다니지 않았다.

"영선이가 MBC 들어가서 경포대, 설악산 놀러 간 게 유일한 기억입니다. 그때 너무 좋았어요."

아버지의 이러한 성품은 딸이 정치에 입문할 때도 작용했다. 박영선은《자신만의 역사를 만들어라》에서 이렇게 술회했다.

"아버지는 제가 정치인이 되는 걸 반가워하지 않았습니다. 교육자이셨던 아버지는 1+1은 2가 되는 세상을 사셨습니다. 정치처럼 때론 1+1이 2가 아닌 세상을 별로 달가워하지 않았습니다."

박영선이 오늘날 클린 정치를 지향하는 데에는 이런 배경이 있다고

박영선은 유독 어린이들이 잘 따른다. 아마도 아이들이 얼굴을 기억하는 몇 안 되는 정치인 중 한 명일 것이다. 그가 아이들과 눈높이를 맞출 수 있는 것은 때 묻지 않은 성품 때문이다.

봐야 한다. 아버지로부터 교육받아온 정직과 어머니로부터 이어져온 검소의 피가 박영선을 정직한 정치인, 검소한 정치인으로 만든 기본 밑바탕이다.

아버지가 고수했던 '1+1=2'라는 원칙을 박영선은 그대로 실천하고 있는 셈이다. 그러니 정치계로 향하는 딸에 대해 아버지가 가졌던 우려는 절반의 우려였다고 할 수 있다.

사실 박영선은 MBC 기자 시절부터 그랬다. 당시 취재 현장에서는 기자들이 취재원으로부터 촌지를 받는 일이 비일비재했는데, 박영선은 그런 일이 없었다. MBC 동료였다가 현재 목사로 봉직 중인 조정민은 "박영선은 그 점에서 반듯했고 참으로 본받을 점이 많은 처신을 했다. 통도 커서 늘 베푸는 입장이었다."고 회고한다.

박영선은 일견 차갑고 쌀쌀맞게 보인다. 하지만 가까이에서 대해보면 어머니의 바느질 손길처럼 따스하고 푸근하다. 정이 많다. 대화가 명료하고 분명하다. 꺼림칙하게 사는 부분이 없으니 어딜 가나 편안하고 당당하다. 감추고 꼼수를 쓰려고 잔머리를 굴릴 때 불안하고 떨리는 법이다. 재벌 개혁, 검찰 개혁 등 기득권과 맞서는 배포도 가정교육을 통해 몸에 밴 투명함에서 나오는 것이다. 부패 정치, 금권 정치를 타파해야 하는 시대적 과제 앞에서 박영선은 단연 선도적 위치에서도 마땅한 품성을 지니고 있으니, 그 점에서 희망을 걸어도 좋다고 하겠다.

::

세 남자 이야기
_정동영, 조정민, 구영회

방송사는 엄격한 기수 문화가 있었다. 선후배 간의 위계질서가 엄존해서 독특한 일 문화를 형성했다. 박영선의 선배 기수 가운데 특히 13기는 MBC의 여러 기수 중에서도 걸출한 인물을 많이 배출한 것으로 유명하다. 1970년대 말 MBC에 입사한 이들 기수에서 대통령 후보도 나왔고, 유명한 목사도 배출되었고, 수필가도 나왔다. 이들은 방송 현장에 있을 때에도 역량이 뛰어났고 리더십이 남달랐다. 동기생들이 퇴직 후에도 각자의 분야에서 지경을 확보하면서 살아가는 모습을 본다는 것은 기분 좋은 일이다.

13기 가운데 박영선은 3명의 남자와 인연이 있다. 시간 차를 두고 인연을 형성했던 이들과의 관계는 박영선의 커리어에 영향을 미쳤고 지금도 진행형이다. 정치로 인도한 정동영, 말씀으로 인도하며 깨우침의 메시지를 전해주는 조정민, 아무런 인연도 없는 박영선을 경제부장으로 발탁했던 구영회가 그들이다.

선배이자 인도자인 그들에게 박영선이 배운 것을 한 문장으로 요약하면 '낮은 데로 임하소서'라고 말할 수 있다. 박영선은 "세 분 선배가 각기 다른 모습으로 다가왔지만, 늘 더욱 낮아지라는 메시지로 나를 이끌어준 고마운 분들"이라고 말한다.

조정민 목사. 요즘 잘나가는 개신교 목사다. 온누리교회에서 독립해 베이직교회라는 개척 교회를 세웠고 기독교 가르침의 기본에 충실한 목회로 주목받고 있다. 조정민 목사는 기자 시절 앵커와 민완 기자로 출중한 역량을 발휘했다. 경상도 특유의 억양을 끈질긴 노력으로 극복하는 근성을 보여주었고, 방송 기자로서도 성공적으로 안착했다. 일에서만큼은 호랑이처럼 매서운 그의 업무 수칙을 필자도 수습기자 시절에 호되게 겪은 바 있다.

잘나가는 기자 조정민은 박영선을 무척 아꼈다. 당시 회사에서 주류 그룹을 형성하고 있던 그는 박영선을 자신의 계보에 두려고 할 정도로 감쌌다. 선배이면서도 조정민은 자신의 아린 연애담을 박영선에게 터놓을 정도로 흉허물 없이 지냈다. 방송계는 기수 문화가 엄격하면서도 이처럼 훈훈한 풍경을 연출하기도 했다.

사실 조정민은 박영선보다 앞서 정치 입문의 꿈을 키우고 시도했으나 문지방을 넘지 못했다. 그 후에 기독교에 귀의하여 목회자로 변모하였고 새로운 메시지로 우리 곁에 다가왔다. 독실한 기독교 신자인 조정민의 부인이 결정적인 역할을 했다고 할 수 있는데, 그것 역시 운명 아니겠는가. 어느 날부터인가 회사에서 성경책을 펴놓고 탐독하며 신우회 활동에도 적극적이었던 그에게 붙잡혀 나도 온누리교회에 따라간 적이 있다.

그렇게 조정민은 방송계를 홀연히 떠나 교회의 품으로 갔다. 그리고 그는 방송 일에 철두철미했던 것과 마찬가지로 성경과 씨름하면서 말씀을 따라 사는 삶을 통해 복음의 전도자가 되어 두각을 보이고 있다. 대단한 전환이다. 그의 잠언록이나 예수에 대한 새로운 해석은 진정한 말씀에 목마른 신자들에게 청량제가 되고 있다. 종교라는 제도의 허울을 내던지고 진정한 말씀으로 돌아가야 한다는 그의 설교는 돈과 감투에 찌든 한국 교회에 사자후가 되고 있다.

그는 그 어렵다는 개척 교회를 키워 강남에서 성공적으로 이끌고 있지만, 기존 교회의 시스템이나 운영 방식을 답습하지 않고 열린 자세로 하나님의 부름에 응하고 있다. 참으로 강하고 독했던 그가 선한 목자로 거듭난 모습이 놀랍기도 하지만, 거듭남의 대표적 사례로 손색이 없다. 박영선은 "조정민 선배와 회사에서 친하게 지냈는데, 사실 어찌 보면 나 대신 정치를 해야 할 분이었는지도 모른다."고 회고했다.

방송 솜씨가 일품이었던, 타고난 방송 기자 출신으로 정치인이 된 정동영은 박영선을 정치로 인도했다. 로스앤젤레스 특파원 배턴터치를 했고, 특히 정동영이 박영선의 중매를 섬으로써 인연 중의 인연을

박영선이 지나온 삶의 여정에는 항상 '스승'이 있었다. 그것은 그가 항상 배울 자세가 되어 있음을 의미한다. 사진은 신케(신도림 커뮤니티) 물놀이 축제에서 아이들과 물총싸움을 하는 모습이다.

만들었다. 그런 인연이 이어져 결국 정동영은 박영선을 열린우리당 대변인으로 이끌었고, 노무현 대통령의 관심이 더해져 박영선은 정치에 입문하고 안착했다.

정동영은 MBC 시절에도 그랬지만 정치판에서도 휘날리는 깃발이었다. 원래부터 스타성이 강한 사람이었다. 정동영은 김대중 대통령의 발탁으로 정치에 입문한 뒤 불과 10년이 안 되어 공당 대표와 대통령 후보라는 자리를 거머쥐는 등 다른 이가 쉽게 따라잡기 힘들 만큼 승승장구를 거듭했다. 그러나 학벌 좋고 언변 좋은 몽골 기병의 돌풍에, 초고속으로 질주하는 모습에 세상 모두가 박수를 친 것은 아니었다. 시기와 견제가 없을 수 없다. 그게 정치고 인생이다. 박영선의 회고.

"정동영 선배의 그러한 승승장구에 정치판에서도 그렇지만 언론에서도 시비와 견제가 많았습니다. 정동영 선배의 언행을 액면 그대로 보지 않고 늘 토를 달고 견제하는 태도로 다루었어요. 일견 정동영 선배의 자신만만한 태도가 부분적으로 오해를 더욱 부추겼을지도 모릅니다."

박영선은 정치 입문 초기 정동영 곁에서 초선 의원으로서 총선을 치르고 대선을 치렀다. 동고동락하며 같이 행군했다. 그러나 정동영은 대선 패배라는 벽에 부딪힌다. 수직 상승의 속도만큼 하루아침에 수직 추락했다.

"수직 상승하며 전도양양하던 정치인이 하루아침에 무너지는 것을 리얼 시추에이션으로 목격했습니다. 정동영 선배를 통해 많은 것을 배웠어요. 정치 여정에서 끝없이 낮아지라는 교훈입니다."

구영회. 대중에게는 정동영, 조정민만큼 잘 알려진 이름은 아니다. 하지만 방송에 대한 열정이나 세상을 보는 안목에서 뒤지지 않는 내공의 소유자다. 구영회는 두 사람보다 MBC에 머문 기간이 길고, 보도국장이라는 기자의 사령탑까지 지냈다.

구영회는 박영선을 경제부장으로 발탁했다. 박영선으로서는 뜻밖의 일이었다.

"구영회 선배가 내게 인터뷰 프로그램을 맡기면서 낮은 데서 힘들게 사는 사람들을 다루었으면 하는 주문을 해서 상당히 깊은 인상을 받았는데 경제부장으로까지 발탁해줄 줄은 몰랐습니다. 사실 구영회 선배와 아무 연고가 없는 처지였어요. 학연도, 지연도. 회사 생활에서 그저 동료였을 뿐."

박영선은 이를 계기로 관리자로서 새로운 길을 걷게 되었고, 첫 여성 경제부장이라는 월계관을 받았다. 직장 생활을 하면서 누가 나를 인정해주고 발탁해 보임해주는 일만큼 가슴 벅차고 기쁜 일이 어디 있겠는가. 그런 점에서 구영회는 안목을 가진 사람이었고 사심 없는 사나이였다. 〈경제 매거진〉에서 경제부장으로 이어지는 박영선의 이력에 구영회가 있었고, 박영선은 경제부장을 역임한 후 정치권의 러브콜을 받았다.

구영회는 은퇴 후 지리산에서 칩거하며 수필가로 활동하고 있다.

이 또한 100세 시대 인생 이모작으로 새로운 지평을 보여주는 사례다. 그 역시 일 욕심이 많은데 더 이상 세간의 미련에 얽매이지 않고 표표히 지리산으로 돌아갔다는 사실에서 박영선은 그가 새로운 낮은 곳으로 향했음을 깨닫는다고 말한다. 요즘도 종종 지리산에 은거 중인 수필가 구영회가 카톡으로 지리산의 저녁노을 사진을 보내주는데 한 장의 풍경이 새로운 의미로 다가온다고 말한다.

박영선은 행복한 후배다. 이렇게 선배 기수 중 한 기수와 3명에 걸쳐 인연을 맺는 경우도 드물다. 원하든 원하지 않든 대부분의 사람이 직장인으로 살아가야 하는 처지에서 박영선에게 세 남자는 살아 있는 대변자이자 인생 스승들이다. 박영선은 산 교훈을 날마다 새기고 있다. 공교롭게도 이들은 다 현역이니 말이다.

스승이 있는 자는 행복하다. 박영선은 그래서 행복하다.

::

시진핑과의 인연

박영선은 국내외를 망라하고 수많은 지도자를 만났다. MBC 기자 시절 인터뷰 프로그램을 진행하면서 각계각층의 사람들을 만났고, 넬슨 만델라, 노무현, 코라손 아키노 등 굵직굵직한 국내외 인사들이 박영선의 리스트에 이름을 올렸다. 정치권에 진출한 뒤에는 지도자급 인사와의 교류가 더욱 확대되었고, 역사에 이름을 남길 이들과 두루 만나면서 교제하는 경험을 쌓았다. 그의 역작인 《누가 지도자인가》에는 국내외 지도자들의 면면과 이들과 교류하며 가진 일화들이 잘 나타나 있다. 이 책은 박영선이 접한 14인의 국내외 지도자에 대한 기록으로 인물 연구에 사료적 가치가 높은 노작이다.

박영선은 정치인으로서 공식·비공식적으로 지도자들과 대화하고 회담을 가지면서 진정한 지도자 상을 정립하는 작업을 진행해왔다.

지도자는 과연 누구이고 무엇을 해야 하는가, 라는 물음 앞에서 그는 늘 자세를 낮추고 답을 찾으려 한다.

《누가 지도자인가》를 보면, 박영선은 시진핑과의 만남에서 특히 강한 인상을 받은 듯하다. 기자로서, 정치인으로서 활동하며 수많은 사람을 만났지만 시진핑처럼 '과연 이 사람은 어떤 삶을 살았을까?' 하는 궁금증을 불러일으킨 이는 많지 않았다고 술회한다.

2011년 7월, 박영선은 베이징에서 시진핑을 만났다. 민주당 손학규 대표와 동행한 자리였다. 《누가 지도자인가》에서 박영선은 시진핑에 대한 첫인상을 '내면의 격정과 외면의 미소가 공존하는 가운데 굽이 굽이 물결치는 강물을 연상시켰다.'라고 적고 있다. 당시 시진핑은 후진타오 체제의 부주석이었다. 후진타오를 만났을 때와는 달리 시진핑과 함께한 자리는 의전에 얽매이지 않고 격의 없이 토론을 벌이는 분위기가 형성되었다. 국가 지도자급 인사 간에는 일정한 격식과 형식을 갖추기 마련이어서 여러 가지 사안에 대해 자유롭게 의견을 개진하는 것이 쉽지 않은데도 시진핑과는 자유롭게 이야기를 나눌 수 있었다. 그 자리에서 시진핑은 이명박 정부의 대북 정책을 신랄하게 비판했다.

"남한과 북한은 형제입니다. 형제끼리 접근하지 않으면 누가 이 문제를 진심으로 풀어주겠습니까? 두 나라 관계에서 남한은 형이라고 볼 수 있습니다. 피를 나눈 형제끼리 대화로 풀어야지, 형이 이렇게 경색 국면으로 몰고 간다면 결국 주변 강대국에 끌려다닐 수밖에 없습니다. 피는 물보다 진하지 않습니까?"

박영선은 시진핑의 이 말을 '충격적이었다.'고 회고한다. 그리고 자신이 구상하는 한반도 평화론의 맥락에서 시진핑의 발언을 더욱 의미 있게 숙고하게 되었다고 말한다. 이후 시진핑은 중국의 최고 지도자가 되었다. 사드 배치 문제로 남북 관계뿐 아니라 주변 나라들과 관계를 형성하는 데 있어 운신의 폭이 좁아졌던 시기를 떠올리면 시진핑의 그 발언은 앞을 내다본 선견지명이었다.

새로운 중국 건설에 경주하고 있는 시진핑에게서 박영선이 주목하는 키워드는 크게 두 가지다. 하방下方이라는 단련 속에 태어난 '동고동락'과 '부정부패 척결'이다.

시진핑의 삶은 그의 아버지가 걸어간 인생 역정과 분리할 수 없다. 시진핑의 아버지는 중국 공산당의 이름난 혁명가였다. 하지만 문화혁명 시기에 권력에서 밀려나면서 시진핑도 농촌으로 내려가 하방 생활을 경험하게 된다. 모택동이 사망한 뒤 아버지가 복권되면서 시진핑 역시 학업을 잇고 관리의 길을 걷게 되는데, 이때 그는 도시가 아닌 지방을 선택했다. 이후 상하이 당 서기로 발탁되기까지 오랜 기간 지방 관료로서 인민들과 삶의 현장에서 동고동락을 같이했다. 결국 8년 동안의 농촌 생활과 18년간의 푸젠福建성 관리를 거치고 나서야 비로소 중앙 무대로 진입한다.

도올 김용옥의 책《도올, 시진핑을 말한다》에 따르면 '시진핑은 아버지 시종쉰과 떼어놓을 수 없으며, 아버지는 아들에게 기소불욕물시어인己所不欲勿施於人이라는 교훈을 주었다.'라고 설명하고 있다. 기소불욕물시어인 시어인이란 '스스로 하고 싶지 않은 일은 다른 사람에게도 시키지 말라.'는 뜻이다. 시진핑은 소탈한 모습과 친근한 소통으로 중국인들의 사랑을 받으며 개혁 작업을 추진하고 있다.

박영선은 담금질이라는 표현을 자주 쓴다. 매일매일 자신을 담금질 하지 않으면 발전해나갈 수 없고 어느 순간 해이해져 쓰러질 수밖에 없다고 말한다. 그는 자신의 말대로 매일 아침 5시에 잠에서 깨어 하루를 구상하고 설계한다. 그리고 매일 저녁 하루를 돌아보면서 스스로 매질을 가한다. 박영선은 시진핑이 하방 생활을 하는 동안 민중과 동고동락하면서 세상을 보는 눈을 키웠다는 점에 주목한다. 시진핑에게 있어 8년 동안의 하방 생활은 담금질의 시간이었던 것이다. 시진핑은 지방에 시찰을 갈 때면 운전자와 단둘이서 승합차를 타고 간다. 지역 주민들의 부엌을 둘러보고, 밥상을 가운데 놓고 같이 대화한다. 철저하게 현장 중심이다.

또 한 가지 박영선이 주목하는 시진핑의 키워드는 부패 척결이다. 시진핑은 취임 후 부패 관리들을 숙청하고 처단하는 일을 진행했다. 일각에서는 정적을 없애기 위해 부패 척결을 내걸고 있다고 하지만, 시진핑의 부패 척결 운동은 중국인들에게 광범위한 지지를 얻고 있다.

내가 중국에서 겪은 일 한 토막을 소개하겠다. 하얼빈에 소재한 CCTV 한국어 방송국에 외국인 전문가로 초빙되어 근무한 적이 있다. 공기업 성격의 방송국이다 보니 중국 정부의 지시를 준수해야 한다.

부임하면서 인사를 하러 사장실로 향했는데 집무실이 너무 작아서 놀랐다. 더욱이 사장이 부임을 축하한다며 한턱내겠다고 향한 곳이 구내식당이었다. 사장은 시대가 바뀌었으니 양해해달라고 말했다. 시진핑이 취임한 뒤로 중국 공직 사회의 문화가 바뀐 것이다. 운동장 같던 사무실은 지침에 따라 책상 하나 소파 하나 들어설 크기로 축소되었고, 사장에게 배속되던 차량도 끊겼다. 당에서 지시가 내려오면 일사분란하게 실행되는 모습을 현장에서 확인했다. 개혁 사업에 토를 달거나 꼼수로 비껴나갈 수 있는 분위기가 아니었다. 시진핑의 부패 척결 의지가 당 차원에서 확실하게 실행되고 있다는 느낌을 받았다.

2011년 처음 만난 이래로 박영선은 시진핑을 두 차례 더 만났다. 2014년 7월 시진핑이 한국을 방문해 국회를 찾았을 때 만났고, 이어 청와대에서 다시 만났다. 특히 청와대에서 느낀 시진핑의 인상에 대해 박영선은 《누가 지도자인가》에 이렇게 적고 있다. '청와대 만찬장에서 시진핑의 태도는 정상 간의 만남임에도 매우 나긋나긋했다. 2011년 이명박 정부를 신랄하게 비판하던 모습과는 매우 달랐다.'

시진핑은 외견상 부드러운 인상을 주고 이웃집 아저씨처럼 친근해 보이지만 자신의 주장을 관철시키고자 할 때는 180도 달라진다. 박영선은 시진핑의 이러한 점을 간과해서는 안 되며, 향후 한반도 문제를 풀어나가는 데 있어서도 유념해야 한다고 강조한다.

중국은 동아시아의 패권을 놓고 미국과 힘겨루기 중이다. 이러한

2014년 시진핑을 만나 악수를 나누는 모습

양상은 남중국해 문제와 사드 배치 문제 등에서 미국과의 갈등을 피하지 않는 데서도 확인할 수 있다. 중국은 자국의 핵심 이익에 관한한 물러섬이 없다.

박영선은《누가 지도자인가》시진핑 편을 이렇게 맺고 있다.

온화한 미소만큼 세심함을 느끼게 하는 인물이다. 세 차례 만남을 통해서 그의 언행이나 악수가 한 번도 건성이라는 느낌을 주지 않음이 시진핑의 중국을 자꾸 더 깊이 생각하게 만든다.

::

지난 정치를 돌아보며

_구로 기적의도서관

2014년 새정치민주연합 원내대표에서 물러난 뒤 박영선은 한동안 정중동의 시간을 보냈다. 당직의 짐을 덜고 자유인처럼 지낼 법도 하지만 정치인이란 자기만의 삶을 살 수 있는 직업이 아니다. 정치인은 휴가를 가도 그곳에서 정치를 한다. 더군다나 당시 그는 이미 3선 의원이었다. 하지만 어떻게든 박영선은 뜻하지 않게 주어진 그 '휴가'를 뜻깊게 보내려고 했다.

"지난 10년간 쉼 없이 달려오는 동안 내 안의 배터리가 다 소진된 기분입니다. 앞으로 10년을 위해 새로운 충전이 필요합니다. 책도 더 많이 읽고 사람들과 폭넓은 대화를 나누면서 안목을 키우는 일에 시간을 할애하고 있습니다."

정중동이란 말 그대로 조용한 가운데 움직인다는 뜻이다. 스포트

라이트를 피해 주변으로 비껴났지만 지역구민을 만나고 지역 살림살이를 챙기는 일로 여전히 바빴다. 매년 봄부터 가을까지 신도림역 광장에서 열리는 청소년문화축제에 참석해 학생들이 준비한 공연에 함께 어울리는 것이나 주말 장터에서 반찬거리를 사면서 주민들과 어울리는 일은 그에게 일이자 즐거움이었다. 박영선에게 정중동이란 정치 현안에서 잠시 물러나 되도록 정치적 접촉을 줄이면서 머리와 가슴에 휴식을 주는 것을 의미했다.

박영선은 미국 연수 시절이 떠올랐다. 미국은 동네마다 도서관이 있는데 그가 거주하던 워싱턴 교외에도 동네 도서관이 있었다. 책 읽는 엄마와 아들을 창문 너머로 들여다볼 수 있는 동네 어귀의 도서관이 부러웠다. 특히 저녁 시간에 도서관의 창문으로 새어나오는 불빛 속에서 책을 읽는 가족의 모습이 아름다웠다. 그 불빛에 끌려 빨려 들어가듯 도서관으로 향했던 기억이 새로웠다.

박영선은 간절했다. 구로에도 그런 도서관을 만들고 싶었다. 마음 내킬 때면 언제든 향할 수 있는 그런 도서관.

내친김에 그는 기적의도서관을 방문했다. MBC 인기 프로그램 〈느낌표〉를 통해 조성한 기부금으로 충주, 제주 등의 지방 마을에 세운 기적의도서관은 지역 문화를 상징하는 장소로 자리매김했다. 아름다운 디자인의 건물 외양도 그렇지만, 부모와 아이가 함께하는 공간으로서의 역할과 기능은 기적의도서관의 강점이다. 하지만 기적의도서관은 정권이 바뀐 뒤 프로그램이 없어지면서 재단 기금이 고갈되는 상황을

2016년 당시 구로구와 책읽는사회문화재단이 도서관 건립 협약식을 맺을 때의 모습이다.

맞았다. 이 프로젝트는 책읽는사회문화재단이 진행하고 있다.

　자기 지역에 기적의도서관을 지어달라는 지자체의 요청이 전국 각
지에서 쇄도하고 있다. 경쟁이 치열해서 유치가 녹록지 않다. 하지만
박영선의 간절한 바람과 책읽는사회문화재단 안찬수 사무처장의 노
력, 윤의식 건축가의 설계 기부가 어우러져 구로 기적의도서관은 조금
씩 현실이 되어갔다. 그리고 오랜 바람이 결실을 맺어 2018년 1월 신도
림동에서 구로 기적의도서관 기공식을 가지고, 2019년 8월 드디어 개
관하게 되었다.

　구로 기적의도서관은 다른 지역 도서관과 차별화된 복합 도서관 개
념이 도입되었다. 영아, 유아, 어린이 등 연령대별 맞춤 공간을 마련해
보다 편하게 책을 읽을 수 있도록 하였고, 부족한 보육 시설을 확충

해 저무는 저녁 도서관의 따뜻한 불빛이 아이들의 등대가 되어주길 바라는 마음으로. 구로 기적의도서관

하는 차원에서 어린이집을 더했다. 지상 1층에는 어린이집과 북카페를, 지상 2층에는 이야기방, 영유아 및 저학년 열람실, 어린이집 유희실을 조성했고, 지상 3층에는 동아리방과 고학년 열람실을, 옥상에는 105.53제곱미터 규모로 어린이집 놀이터를 만들었다.

구로는 그간 변화의 물결이 역동적으로 출렁였다. 구로공단이 4차 산업혁명의 전진기지로 자리매김했다. 그다음 물결로 박영선은 지역 골목골목에 문화의 향기가 퍼지는 '문화 구로'를 구상하고 실행했다. 구로 기적의도서관이 문화 구로의 한 축을 담당하고 있다.

완공된 구로 기적의도서관에서 박영선은 감회가 남달랐고 가슴 벅찼다. 다른 지역에 비해 상대적으로 문화시설이 부족했던 구로의 희망을 보는 것 같았다. 창 너머로 부모와 아이가 함께 책을 읽는 모습을 볼 수 있는 따뜻한 풍경이 아이들에게 책 읽는 행복을 심어주기를 그는 소망한다. 엄마 아빠와 아이들이, 할머니 할아버지와 손자손녀가 함께 이용하는 따뜻한 공간으로 자리매김하기를 기대했다. 그리고 구로 기적의도서관은 이제 구로 주민들과 아이들의 사랑을 받는, 온기가 녹아나는 명소가 되었다.

Scene 3

국민만이
두렵습니다

박영선의 의정 수첩

그는 담백하고 당당하다.

지역민과 시민들 속에서는 소탈하고 친근한 이웃집 아줌마이지만,

권력과 자본의 부당성에 대해서는 누구보다도 단호한 언어로 질타한다.

권력과 자본 앞에서 당당하기에 그럴 수 있다.

::

전관예우와 검찰 개혁 그리고 검경수사권 조정

전관예우라는 것이 있다. 유독 한국에서 크게 힘을 발휘하는 오랜 관행이다. 전관예우는 특히 법조 사회에서 그 위력이 강하다. 공직 법조인으로 근무하다가 옷을 벗은 변호사가 맡은 사건에 대해서 검찰과 법원이 어느 정도 어드밴티지를 부여하는 것이다. 말도 안 되는 관행이고, 법조 사회의 부끄러운 단면이다.

전관예우는 불법행위다. 예전 동료나 상관이었다고 해서 소송이나 판결을 유리하게 해준다는 것은 공정하고 엄정해야 할 법 집행의 근본을 뒤흔드는 일이다. 전관 출신 변호사들은 이런 우대를 받기 때문에 그렇지 않은 변호사보다 수임료가 훨씬 비싸다. 그래도 사건 의뢰가 줄을 잇는다. 검찰과 법원의 협조로 인해 승률이 높기 때문이다. 돈 있는 자들은 전관 출신 변호사를 기용해 진실을 비틀어버린다. 승자와 패자가 뒤바뀌는 어처구니없는 일이 벌어지는 것이다. 법조 비리의 온상인 동시에 국민의 원성이 참으로 큰 사안이지만, 법조계의 전관예우 관행은 점점 더 견고해지고 있었다.

국회 법제사법위원회 소속으로 6년 동안 의정 활동을 하면서 박영선은 항상 개혁 과제를 잊지 않았다. 그런 그가 전관예우의 폐해를 모를 리 없었다. 더군다나 정의를 왜곡하는 것을 두고 볼 수 없었다. 경제정의를 세우는 것과 같은 맥락에서 접근했다.

박영선은 법조 개혁안을 내놓는다. 이른바 전관예우 금지법이다. 국민들의 여망을 반영한 사법 개혁 법안이었다. 요지는 법조 관련 공직자가 퇴직할 경우 1년 동안 최종 근무지에서 개업을 할 수 없도록 하는 것이다. 위세 당당하던 검찰은 박영선이 법안을 내놓자 들끓기 시작했다. 취지는 공감하지만 그러면 우리는 뭘 먹고살라고 하느냐는 항변이 기류의 핵심이었다.

검찰의 항변은 끼리끼리의 직업 세계에서는 통할지 모르지만, 국민 정서와는 거리가 먼 것이었다. 본질적으로는 감히 검찰에 칼을 들이대는 시도를 한다는 것에 대한 반발일 수도 있었다. 무소불위의 권력을 가진 검찰 조직의 생리이기도 하다. 그 많은 정부 조직 중에 유독 검찰만이 분주해 보이고 언론의 포커스를 받는 나라가 과연 정상일까? '검찰공화국'이라는 말이 나오는 것도 그 때문이다.

당시 대검찰청에서 근무한 어느 검사는 이렇게 말했다. "박영선 의원을 심정적으로 지지하고 좋아하지만, 이 법이 미칠 파급 효과에 대해서는 저도 개인적으로 고민을 많이 했습니다. 검찰 내 불만도 대단했죠. 그러나 대놓고 얘기할 처지는 아니었어요."

검찰은 법사위 박영선 의원을 편치 않은 의원으로 인식하기 시작했다. 그도 그럴 것이 검찰총장 청문회 때 박영선 의원이 보여준 송곳 질문과 집요한 추궁은 검찰 조직을 불편하게 만들기에 충분한 것이었다. 당시 박영선은 박지원 전 의원과 콤비를 이루어 법사위를 이끌며 기대를 한껏 모았다. 저자거리에서는 두 사람을 두고 '박남매'라는 애칭으로 성원했다.

잘난 엘리트 집단인 법조계에 박영선은 껄끄러운 '의원님'일 수밖에 없었다. 서울지검에서 근무했던 어느 검사는 이렇게 말했다. "박 의원 이야기가 틀렸다고 지적하는 검사는 별로 없었죠. 문제는 검사들이 아직 준비가 안 되어 있었던 거예요. 그래서 전관예우 금지법이 시행된다고 하니 서둘러 그만두고 변호사 개업한 분들도 많아요. 법이 시행되기 전에 벌자는 의도죠." 이런 증언에서 박영선의 진면목이 드러난다. "호락호락한 분이 아니에요. 무엇보다도 제가 알기로는, 검찰에 구질구질한 민원 한 통 안 한 걸로 알고 있어요. 저도 친하게 지내지만 한 번도 그런 걸 받아본 적이 없어요."

이쯤에서 분명하게 해둘 것이 있다. 박영선이 감정에 휘둘려 공사를 구분 못 하는 성품의 소유자가 아니라는 점이다. 의원들 가운데 약점이 있는 이는 검찰의 역습이 두려워 검찰 개혁의 '검' 자도 들먹이지 못한다. 기소부터 수사까지 범죄와 관련된 전권을 쥐고 있는

약점이 있는 국회의원은 검찰 개혁의 칼을 빼 들 수 없다. 뒷조사를 통한 보복을 당하기 때문이다. 박영선이 두려워하는 것은 오로지 국민뿐이기에 그는 검찰 개혁의 선봉에 설 수 있다.

검찰의 힘은 막강하다. 그런데 박영선은 그들의 눈치를 살필 필요가 없다. 그래서 담대하고 강인하다. 그가 두려워할 대상은 국민뿐이다. 그리고 국민이 뒤에서 지켜보고 있다고 생각하면 두려울 것이 없다.

법의 정의가 바로 서는 나라는 박영선이 지향하는 공정한 나라의 뼈대다. 혁신을 통해 새로운 가치를 만들어내는 것도 중요하지만, 과거의 악습과 적폐를 도려내는 것 역시 대단히 중요하다. 우리나라처럼 제대로 된 시스템을 구축하는 일은 방치한 채 근대화를 향해 앞만 보고 달려온 사회구조에서는 거의 전 분야에 걸쳐 적폐의 종양이 악취를 풍기며 곪고 있다.

박영선 의원의 전관예우 금지법은 현실에서 제대로 작동이 안 되는 측면이 있다. 이상과 현실의 괴리다. 법이 제정되었다고 해서 만사가 당장 해결되는 것도 아니다. 법망을 교묘히 빠져나가는 수법은 늘 존재해왔고 아직도 진행형이다. 전관예우 금지법은 최종 근무지 주변에서 개업하는 것을 금하는 공간적 제한을 했을 뿐이지 활동 자체를 금한 것이 아니다. 전관예우 금지법에 결함이 있는 것이 아니라 꼼수로 돈을 벌려는 전관 출신 변호사들이 문제다.

　그렇다고 박영선의 전관예우 금지법이 무용지물인 것은 아니다. 이 법은 공직자를 평가하는 실질적인 잣대가 되었으니, 다름 아닌 인사청문회 검증 목록이 된 것이다. 고위 공직자 인사청문회에서 병역이나 납세 문제와 마찬가지로 전관예우 역시 필수 점검 항목이 되었다.

　박근혜 정부에서 있었던 몇 가지 장면만 골라보자. 박근혜 정부 첫 국무총리 후보자였던 김용준 헌법재판소장의 낙마, 2014년 안대희 대법관의 국무총리 후보자 낙마 등은 전관예우로 인한 과다 수임이 지적되어 빚어진 일이었다. 황교안 전 총리 역시 논란이 뜨거웠다. 이 당시 드러난 새로운 문제점은 이들 고위직 전관 출신들이 제한 규정을 피해 자문역으로 일하면서 전관예우 관행의 특혜를 누려왔다는 사실이었다. 박영선이 내놓은 전관예우 금지법은 실효성에 있어서 논란이 없지 않지만, 법조 출신 고위 공직자 후보를 검증하는 새로운 표준을 제시했다는 점에서 사법 개혁을 향한 의미 있는 출발점이 되었다고 평가할 수 있을 것이다.

박영선의 전관예우 금지법이라는 이정표가 새겨진 뒤 김영란법이 등장해 실행 중이다. 부정 청탁 및 금품 수수 금지법은 대한민국의 청탁·접대 문화에 새로운 질서를 부여하고 있다. 이 법 역시 일부분 현실과 동떨어진 측면이 없지 않지만, 청렴한 사회를 향한 새로운 길을 열었다는 점에서 공감대를 확보해가는 중이다.

전관예우 금지법은 청렴을 생활신조로 삼고 있는 박영선의 캐릭터와 궁합이 딱 맞아떨어지는 법이다. 그는 법 따로 행동 따로인 따로국밥 정치인이 아니다.

박영선의 개혁 입법 여정에 전관예우 금지법이라는 돌탑이 하나 더 쌓였다. 법을 제정한다고 해서 하루아침에 세상이 변하는 것은 아니다. 오랜 관행일수록 더욱 그렇다. 법 제정에 따라 문화가 뿌리내리고 이해 당사자들의 생각과 행동이 달라져야 법은 100퍼센트 효과를 낸다. 박영선의 칼날은 상층부를 향하고 있다. 재벌을 겨누고 고위 공직자들의 청렴성 확보를 과녁으로 삼는다.

개혁 과제 중에 가장 힘들다는 검찰 개혁의 선봉에 서 있는 박영선의 작업은 검경수사권 조정의 첫 단추를 끼웠다. 그 모든 것은 정의와 공정의 틀을 구축하고자 하는 의정 로드맵의 일환이었다.

어느 날, 그는 친분 있는 검사와 통화를 하던 중 이런 말을 들었다. "의원님, 두렵지 않으세요?" 검사의 그 말은 박영선이 진행하고 있던 검경수사권 조정에 대한 검찰의 생각을 대변하는 것이었다. 그렇게 나가다가는 나중에 후환이 있을지 모른다는 염려인 동시에 상대에 가하는 위협이었다.

당시 박영선은 검경수사권의 독립에 관한 논의에 물꼬를 트는 중이었다. 권력을 견제하고 균형 있게 분배하기 위해서는 너무나 많은 것을 움켜쥐고 있는 검찰 권한의 일부분을 경찰에 넘겨야 한다는 취지였다. 경찰은 검사의 지휘를 받게 되어 있다. 검찰이 수사와 기소에 관한 독점권을 갖고 있기에 그렇다.

경찰은 검찰의 명령에 복종하여야 한다.

박영선의 눈을 휘둥그레지게 만든 법조문이었다. 지금이 어느 시대인데 '명령'과 '복종'이라는 단어가 법조문에 있을 수 있을까, 하는 생각에서 박영선의 검경수사권 조정은 시작되었다.

명령과 복종······. 일제강점기 이후 경찰과 검찰은 70년 넘게 노예계약 같은 관계를 유지해왔다. 박영선은 이러한 관계를 상징하는 '명령'과 '복종'이라는 두 단어를 법조문에서 들어내고, 경찰에 수사 개시권을 부여했다. 노무현 대통령의 참여정부에서도 하지 못한 일을 이명박 정부에서 야당 의원이 해낸 것이다.

검경수사권 조정은 문재인 정부 들어 속도를 내다가 결국 그 종

점에 도달했다. 검경 업무 분장의 획을 긋는 제도 변화의 출발점이 박영선이었다는 사실을 다시 한 번 되새기며 당시의 속기록을 살펴보자.

2011년 박영선은 사법제도개혁위원회 검찰관계법 심사소위원회 소위원장이었다. 2011년 4월 20일 국회 제3회의장 245호실에서 6인 특별소위원회 합의 사항에 대한 심사보고가 있었고, 박영선은 소위원장으로서 "검찰청법 제53조에 있는 경찰의 명령 복종 의무 조항을 삭제"했다는 점을 분명히 밝힌다. 이는 경찰의 수사 개시권을 명문화하는 조치다. 검찰의 지시가 있어야만 수사 개시가 가능했던 것을 경찰이 독자적으로 수사를 개시할 수 있도록 입법화한다는 것은 한국 검경의 역사에서 일대 혁명적인 사건이 아닐 수 없다. 박영선이 추구하는 균형과 분산의 원칙이 실현된 것이다. 그리고 박영선의 발언이 계속 이어진다.

○소위원장 박영선

검찰관계법 심사소위원회 소위원장 박영선입니다. 우리 검찰소위에서는 총 15차례에 걸쳐서 특별수사청 설치 등 11개 주제에 대한 심도 있는 토론을 거쳐 다음과 같은 의견 수렴을 하였습니다. 관계 기관의 마지막 의견 개진을 어제 서면으로 제출해달라는 국회의 요구에 대해서는 법원, 검찰, 경찰, 3개 기관의 의견이 참고 자료로 접수되었음을 알려드립니다.

첫째, 특별수사청 설치에 관하여 보고드리겠습니다. 무소불위의 검찰 견제와 객관적이고 공정한 수사를 위해서 설치에 찬성하는 의견과 변형된 공수처로서 검찰이 일반 검사와 고급 검사로 이원화되고 수사 대상이 범죄 집단으로 오인될 우려가 있어서 설치에 반대한다는 의견이 팽팽했습니다. 특별수사청 설치에 찬성하여 법제화할 경우에는 다음과 같은 내용으로 하기로 했습니다.

① 특별수사청의 소속은 법무부 소속으로 하고, ② 수사 대상은 6인 소위 합의 사항인 판사, 검사, 검찰 수사관에 국회의원을 포함시키기로 하며, ③ 청장추천위원회를 7명으로 구성하고, ④ 청장 등은 파면, 사직 또는 퇴직 후에 법무부 장관과 차관, 판사, 검사 또는 대통령실 비서관 이상으로 임용을 금지하기로 했습니다. 기타, 수사 대상을 고위 공무원으로 확대할지 여부와 청장의 자격과 임기 그리고 관계 기관 수사 협조 요청 등에 대해서는 추가 논의가 필요합니다.

둘째, 검찰시민위원회 설치에 관하여는, 먼저 위원회 명칭을 검찰심사시민위원회로 하고 소속은 고등법원에 설치하자는 의견이 주류를 이루었으나 독립기관으로 하자는 소수 의견도 있었습니다. 시민위원회 위원의 숫자는 11명으로 하고, 위원 임명 방식은 무작위 선정 방식으로 하기로 하였습니다. 또한 부정부패 사건과 경제 범죄 사건 등 추상적인 대상 사건을 형법 등 현행 법률 조항으로 구체화하였고, 의결 방법은 전원 출석과 과반수 찬성으로 결정하며, 강제기소의 경우에는 가중하는 것으로 합의하였습니다. 기타, 위원 임기, 의결시 가중 인원

등에 대해서는 추가 논의가 필요합니다.

셋째, 대검찰청 중앙수사부 폐지에 관하여는, 대검찰청 중앙수사부의 수사권을 폐지하자는 데는 위원 전원이 동의하였습니다. 법제화와 관련해서는 정부조직법 제2조 "중앙행정기관의 설치와 직무 범위는 법률로 정한다."는 이 규정에 따라서 법률로 규정하자는 의견과 대통령령을 개정하여 검찰 스스로 개혁을 권고해야 한다는 의견이 있었습니다.

넷째, 경찰 수사권에 관해서는 사법경찰관도 범죄의 혐의가 있다고 인식하는 때에는 수사를 하도록 하는 경찰의 수사 개시권을 명문화하고, 경찰은 수사에 있어서 검사의 수사 지휘를 따라야 함을 형사소송법에 별도의 조항으로 명시하기로 하였습니다. 이에 따라서 검찰청법 제53조에 있는 경찰의 명령 복종 의무 조항을 삭제하였습니다.

다섯째, 압수수색제도의 개선에 관하여는, 압수수색의 대상 범위와 기간을 규제하기로 한 6인 소위 합의 사항에 따라서 다음과 같이 법제화하기로 했습니다. 디지털 증거와 관련해서는 압수수색 요건을 강화하였고, 압수시 정보 주체에 통지를 의무화하도록 하였으며, 전기통신 관련 사항의 경우 작성 기간을 기재하는 등 최소 침해의 원칙에 부합하도록 하였습니다. 또한 압수수색 당사자의 인권을 강화하기 위해서 압수수색 적부심제도를 도입하기로 하였고 압수물 반환청구권과 관련하여서는 이한성 의원이 대표 발의한 형사소송법 일부 개정 법률안을 수용하되 사본을 확보한 경우에는 원본을 돌려주도록 보완하기로 하였습니다.

정치인, 특히 국회의원은 국민으로부터 책임과 권한을 위임받은 사람이다. 그가 자신의 책무를 등한시하고 권력과 이권의 눈치를 본다면, 국가와 사회는 길을 잃고 만다.

::
고흐의 〈꽃게〉

꽃게는 한 번 뒤집히면 결코 혼자서는 다시 돌아누울 수 없으며 그래서 게
가 뒤집혔다는 건 죽음을 뜻한다.

2017년 6월 9일 박영선은 이런 문장으로 시작하는 글을 페이스북
에 올렸다. 이어서 이렇게 덧붙였다.

우연히 고흐의 그림 〈꽃게〉를 골똘히 보고 있는데 검찰 인사가 났다고 사
방에서 아우성이다. 여기에 언론에 의해 한 가지 덧붙여진 단어, 박영선의
데스노트.

박영선이 언급한 고흐의 〈꽃게〉와 검찰 인사의 맥락을 이해하기 위해서는 '박영선의 데스노트' 문제부터 풀어야 한다.

2016년 11월 11일 최순실 국정 농단 진상 규명에 대한 국회 대정부 긴급 현안 질문에서 박영선은 아래와 같은 질문을 했다.

"지금 검찰, 국정원에 우병우 사단이 포진해 있습니다. 특별수사본부장 이영렬, 특별수사팀장 윤갑근, 이미 얘기했고요, 정수봉 대검 범죄정보기획관이 우병우 수석에게 그동안 범죄 정보를 수집한다는 이유를 가지고 모든 정보를 제공했습니다. 이 우병우 사단 걷어내기 전에는 수사 제대로 안 됩니다."

황교안 당시 국무총리와 김현웅 당시 법무부 장관을 상대로 질문하는 자리였다. 박영선은 이 자리에서 검찰 내 '우병우 사단'의 명단을 만천하에 공개했다.

박근혜 정권에서 이른바 '우병우 사단'은 검찰과 국정원을 장악하며 무소불위의 권력을 행사했다. 어느 조직보다 공정해야 할 수사기관과 정보기관이 권력자의 사병私兵 노릇을 했다. 법무부 장관도 검찰총장도 아닌 청와대 민정수석이 인사를 좌지우지했고, 아무도 제동을 걸지 않았다.

박영선이 공개한 우병우 사단은 민정수석 우병우가 휘하에 거느린 면면들이다. 그동안 '그렇다더라.' 하던 흉흉한 소문을 박영선이 처음 공개적으로 거론했다. 검찰 개혁의 선봉에 서서 법사위원장을 역임한 박영선은 그 누구보다도 검찰 내부 동향에 정통했고, 이 같은 검찰 정보를 바탕으로 우병우 사단의 실체를 폭로했던 것이다.

하지만 박영선의 공개와 폭로에 대해 당시 검찰은 "박 의원의 발언은 아무런 근거가 없는 허위 내용"이라며 반발했다. 그런데 결과적으로 박영선이 공개한 '우병우 사단 리스트'는 '살생부 리스트'가 되었다. 그가 지목한 우병우 사단 12명 가운데 10명이 검찰 조직을 떠나거나 좌천되었기 때문이다. 이런 상황을 두고 언론이 '박영선의 데스노트' 운운했던 것이다.

뒤집어진 꽃게는 박영선으로 하여금 "땅에서 넘어진 자 땅을 짚고 일어선다."는 명언을 되새기게 한다.

복원력! 인간도 복원력을 잃을 때 종이 인간으로 전락하게 되는 법이다. 8년 전 조문을 하는 중에 일어난 성추행 사건을 용기 있게 폭로한 서지현 검사와 관련한 안태근 전 검찰국장 등 박영선의 데스노트에 등장한 인물들은 이미 사회에 물의를 일으켰다. 그뿐만 아니라 안태근과 이영렬 전 서울중앙지검장은 돈 봉투 회식 사건으로 수사를 받았다. 당시 전광석화처럼 인사가 이루어졌다. 누가 인사를 한 것인가.

최순실 국정 농단 사태로 촉발된 촛불 혁명은 결국 박근혜 탄핵으로 이어졌고, 2017년 문재인 정부가 탄생했다. 그로부터 한 달이 채 안 되어 검찰 인사가 전격 단행된 것이다.

검찰 개혁은 촛불 혁명을 이끈 국민들의 여망이자 문재인 정부의

고흐의 그림 〈꽃게〉, 박영선은 뒤집어지면 스스로 돌아누울 수 없는 꽃게를 통해 복원력을 상실한 채 스스로 개혁 조치를 단행하지 못하는 검찰을 꼬집었다.

개혁 과제 앞줄에 올라 있는 사안이다. 그런데도 검찰은 자발적인 개혁 조치에 대해서 미동도 하지 않았다. 박영선은 이 같은 검찰의 미온적인 태도를 고흐의 〈꽃게〉에 비유한 것이다.

박영선은 페이스북에 글과 함께 고흐의 〈꽃게〉 그림을 올렸다. 꽃게는 뒤집어지면 스스로 다시 몸을 뒤집을 수 없다. 꽃게처럼 검찰도 스스로 개혁하지 못한다는 지적이다. 박영선의 페이스북을 계속해서 읽어보자.

그 말을 듣는 순간 우울감이 밀려왔다. 지난가을 긴급 현안 질의에서 우병우 사단을 언급했던 장면들의 연속선상에서의 해석들……. 내심 난 뒤집혀진 꽃게와 달리 검찰 스스로 돌아누울 수 있기를 바라며 시간을 기다려왔는데 이번에도 결국 내부 복원력을 갖지 못한 채 인사라는 칼에 몸을 내맡기고 말았다. 검찰은 과연 한 번 뒤집히면 혼자서는 다시 돌아누울 수 있는 복원력을 갖고 있지 못했던 것일까? 다시 돌아누울 수 있는 복원력을 만들어주는 것, 스스로 치유할 수 있는 힘을 길러주는 것, 그것이 개혁의 방향이어야 하지 않을까 하는 생각에서 말이다.

박영선은 이어서 꽃게 그림의 해석과 관련된 한 신부님의 이야기를 전한다.

똑같은 꽃게 그림을 놓고 엎어져 버둥거리는 게는 꼭 고흐 같고 올바로 서 있는 게는 동생 테오 같아서 마음 아프게 형제의 모습으로 보았던 그림이었다.

신음하는 고흐를 곁에서 지켜주던 동생 테오. 두 사람의 형제애에 대한 연민을 두 마리의 꽃게로 표현했을 거라는 신부님의 해석이다. 꽃게를 보며 신부님은 고흐와 동생 테오를 떠올렸고 박영선은 검찰을 떠올렸다며 검찰의 회복탄력성을 강조한다.

지난 시간 검찰에서 벌어졌던 정의롭지 못한 잣대가 빨리 정의로운 검

찰로 변화하는 회복탄력성을 갖기를 바란다. 검찰 인사와 고흐의 〈꽃
게〉 그림이 우연히도 오버랩되는 것은 정의로운 대한민국으로의 복원
력을 바라는 간절한 기도의 산물일는지.

그 후 박영선은 어느 강연에서 고흐의 〈꽃게〉에 이런 메시지를
덧붙였다.

"테오의 힘으로 고흐는 일어날 수 있었습니다. 뒤집어진 인생은
스스로 복원하기 어렵고 치유도 어렵습니다. 서로 도와주는 힘과 도
움이 있어야만 다시 바로 설 수 있습니다."

::

반값 등록금을 최초로 제안하다

2011년 박영선은 서울시장 당내 경선에 나섰다. 고심 끝에 던진 출사표였다.

당시 박영선은 민주당 첫 여성 정책위원회 의장직을 수행 중이었기에 서울시장 출마에는 큰 의지가 없었다. 그러나 사람의 일이라는 것이 항상 자신의 의지대로만 흘러가는 것은 아니다. 환경이 선택을 요구하고, 상황이 재촉하기도 한다. 시시때때로 상황이 급변하고 요동치는 정치판에서는 더더욱 그렇다.

사실 박영선의 서울시장 출마는 당시 당대표 손학규와 운동권 출신 젊은 의원들의 강력한 권유 때문이었다. 하지만 박영선은 많이 망설였다. '준비하지 않은 일에는 나서지 않는다.'는 철학 때문이기도 했고, 정책위원회 의장으로서 개혁 법안을 마련하는 일에 매진하고 싶기도 했다. 하지만 손학규 대표와 우상호, 이인영 의원 등이 몇 번이나 찾아와 설득하고 간청했다. 그래서 결국 경선에 임하게 되었다.

정치공학적으로 보았을 때 계파에 속하지도 않고 당내 세력도 없는 박영선으로서는 쉽지 않은 결정이었다. 오세훈 서울시장이 무상급식 문제로 중도하차하면서 시작된 서울시장 선거의 판세가 만만치 않았다. 외곽에서는 박원순이 안철수로부터 서울시장 후보를 양보받은 상태였다. 정치권에 안철수 바람이 거세던 때였다. 이런 구도 속에서 내심 서울시장을 노리고 준비를 해온 여러 명망가들이 꼬리를 내렸다. 야당과 진보 진영에서는 민주당 후보와 박원순 간의 단일화를 통해 최종 후보를 결정하는 구도로 일이 진행되었다. 민주당의 서울시장 후보로는 천정배, 추미애, 신계륜, 박영선이 나섰다. 다들 만만치 않은 정치 이력과 경륜을 가진 중진들이었다.

박영선의 서울시장 출사표에는 중요한 정책 키워드가 있었다. 지금이야 '반값 등록금'이라는 용어가 일반화되었지만, 이 정책을 정책에 반영하고 공약으로 내건 정치인은 사실 박영선이 원조다. 그러니까 반값 등록금은 박영선의 브랜드다.

박영선은 오래전부터 대학 등록금에 대한 고민이 깊었다. 등록금이 너무 비쌌다. 전 세계적으로 대한민국의 대학 등록금은 미국에 이어 2위를 기록하고 있다. OECD에 가입한 다른 국가들과 비교해도 상당히 비싼 편이다. 유럽의 많은 나라에서는 대학 등록금이 아

반값 등록금 정책을 처음 공론화한 이가 바로 박영선이다. 높은 등록금이 청년들의 발목을 잡고 있는 현실을 바로잡기 위한 정책이었다. 사진은 젊은이들의 창업 공간인 구로시장의 영프라자에서 청년 장사꾼들을 응원하는 모습이다.

예 없거나 실비 정도만 받는다. 박영선은 지자체에 교육 자치권이 있는 독일 모델을 주목해왔다. 적어도 각 도마다 있는 국립대학이라도 지자체가 등록금의 일부를 감당해서 등록금을 없애거나 크게 낮추어야 한다는 그림을 그리고 있었다.

우리나라 고교생들의 대학 진학률이 세계 수위라는 점에서 대학 등록금 문제는 반드시 해결해야 할 과제다. 대학에 진학하는 사람이 많으니 당연히 부담자 층이 두껍다. 그만큼 등록금에 대한 부모들의 부담이 크다는 이야기다.

학벌을 중요시하는 우리나라에는 전국 도처에 400여 개의 각종 대학이 있다. 대부분의 대학이 재정 상태가 건강하지 못하기 때문에 각 대학은 등록금 인상으로 부족한 재정을 충당해왔다. 하지만 과연 각 대학들이 비싼 등록금에 걸맞은 교육을 제공하고 있는지 근본적으로 점검해보아야 한다. 대학 등록금은 지난 20여 년간 평균 8배가량 뛰었다.

비싼 등록금으로부터 파생되는 사회문제도 한두 가지가 아니다. 학생들은 등록금을 벌기 위해 아르바이트를 해야 하고, 그러다 보면 학업에 소홀해져서 제대로 배우지 못하고 취업 기회에도 불이익을 떠안는 악순환에 시달린다. 어렵사리 졸업하고 취직을 하더라도 등록금 대출 때문에 사회생활의 출발점에서부터 빚을 감당하느라 허리띠를 졸라매야 하는 실정이다. 형편이 넉넉한 집안의 일부 학생들을 제외한 대부분이 이 같은 현실과 마주하고 있다. 이런 가운데 교육의 양극화가 심화된다.

이러한 사회구조와 교육 현실에 대해 고민하던 중 탄생한 정책이 바로 반값 등록금이다. 박영선은 당내 경선에 임하면서 서울시립대학교가 서울시장의 지휘를 받는다는 사실을 간파하고 반값 등록금을 공약으로 내걸었다. 서울시립대에서 먼저 반값 등록금이 실현되면 차츰 국립대학들도 자연스럽게 정책에 보조를 맞출 것이라는 도미노 현상을 기대했다.

사실 반값 등록금의 배경에는 김영재가 있었다. 김영재는 민주당 정책 전문위원으로 정책위원회 의장을 보좌하는 역할을 맡았는데, 어느 날 그가 반값 등록금이라는 아이디어를 제시했다. 박영선은 무릎을 쳤다. 머뭇거릴 이유가 없었다. 박영선은 곧바로 서울시장 후보 7대 공약의 '감동교육편'에 반값 등록금을 굵은 글씨로 새겨 넣었다. 정책은 타이밍이 중요하다. 정책을 세웠으면 빠르게 움직이는 것이 기민한 정치인의 기본 자질이고, 박영선은 이런 점에 있어서 타의 추종을 불허한다.

그런데 반값 등록금 정책에는 두고두고 아쉬움이 남는 숨겨진 이야기가 있다. 2011년 봄, 박영선은 손학규 당대표의 발탁으로 정책위원회 의장이 되었다. 박영선과 손학규는 정치 여정에서 특별한 인연이 없었는데도 그를 첫 여성 정책위의장으로 발표하여 박영선에게 또 하나의 민주당 '여성 최초'라는 수식어를 선사했다. 당시 박영선이 공론화한 반값 등록금 문제는 사회 이슈가 되었고, 손학규는 이 문제를 놓고 여야 영수 회담을 제의했다. 막후에서 박영선과 당시 청와대 정책실장이었던 백영호가 조율을 시작했다. 그리고 서너 번의 실무 회담을 진행한 끝에 민주당과 청와대 측은 국공립대학의 반값 등록금 합의에 이르렀다. 교육 현실을 개선하는 것은 물론이고 사회의 악순환 구조를 어느 정도 완화할 수 있는 획기적인 정책 실현이 눈앞에 있었다.

그런데 갑자기 상황이 돌변했다. 손학규 당대표가 대학생 시위 현장을 두루 살펴보고 나서 국공립대학뿐만 아니라 사립대까지 포함하여 모든 대학이 반값 등록금을 실행해야 한다고 주장하고 나선 것이다. 손학규는 박영선에게 그 문제를 청와대와 재차 협상해야 한다고 했다. 물론 실현되기만 한다면야 더할 나위 없이 좋은 생각이었다. 하지만 어떻게 하루아침에 모든 상황을 뒤집을 수 있는가. 이후 청와대와의 협상은 더 이상 진전되지 않았고, 이전에 합의를 본 국공립대학 반값 등록금마저도 유야무야되고 말았다. 박영선은 훗날 자신의 저서 《누가 지도자인가》에서 '절반의 성과만 거두었어도 국공립대학의 반값 등록금이 실현되었을 것'이라며 진한 아쉬움을 토로했다.

이렇게 햇빛을 보지 못하고 물밑에서 조율만 하다가 사장될 뻔했던 반값 등록금 문제는 박영선이 서울시장 경선에 나서면서 다시 수면 위로 떠올랐다. 박영선이 분당 보궐선거 때 손학규를 열정적으로

반값 등록금은 정치권의 이해관계 속에서 절반의 성공조차 거두지 못했지만, 청년들의 미래를 위해 반드시
실행해야 할 과제다.

지원한 것에 대한 답례로 손학규는 지원사격을 아끼지 않았다. 박영
선은 손학규가 실현하지 못한 반값 등록금 문제를 서울시 차원에서
라도 해결하기 위해 당내 경선에서 목소리를 높였고, 시민 사회 속
에서 공감대를 형성해나갔다.

결과적으로 박영선은 당내 경선에서 승리해 서울시장 민주당 후
보로 선출되었다. 계파도 없고 변변한 세력도 없는 비주류의 쾌거
였고, 다시 한 번 박영선의 저력이 확인되는 순간이었다. 이어서 사
전에 약속한 대로 민주당 외부의 진보 진영 후보인 박원순과의 후보
단일화를 위한 일정을 일주일 만에 치렀다. 박영선은 이 최종 대결
에서 근소한 차이로 패배했다. 내가 기억하는 그의 첫 패배였다. 승

자가 패자를 찾아가 위로하는 통념을 깨고 박영선은 이튿날 박원순을 찾아가 승리를 축하해주었다. 아름다운 경선이라는 세간의 평가에 마침표를 찍고 싶었다.

이후 박영선은 박원순 후보의 선거대책위원장으로서 열심히 뛰었고, 박원순은 박영선의 공약이었던 서울시립대 반값 등록금 공약을 그대로 이어받았다. 그리고 박원순은 서울시장에 당선된 뒤 서울시립대학교의 반값 등록금 정책을 실천했다.

반값 등록금에 대한 반향은 상당히 컸다. 서울시립대는 경쟁률이 100대 1을 넘어선 학과가 나올 정도로 인재가 몰렸다. 경향각지京鄕各地의 학생들이 서울시립대의 문을 두드렸고, 반값 등록금 문제는 전국적인 파급 효과를 낳았다. 비록 서울시장 후보로 나서지는 못했지만, 박영선은 정책의 연속성이 유지되었다는 사실만으로도 흡족했다. 국가의 미래를 위한 정책이라면 누가 집행하든 상관없었다. 국공립대에서도 등록금 인상을 자제하는 분위기가 이어졌다. 박영선 브랜드의 정책이 안착되고 있었다.

"이제는 '반값'이 아니라, 국공립대학의 등록금을 없애는 정책을 검토해야 할 때입니다. 학령인구가 감소하는 추세와 4차산업혁명 시대에 대비해서 대학은 백화점식으로 운영할 것이 아니라 선택과 집중을 해야 하고, 이에 걸맞은 구조개혁을 통해 학생들이 학업에 매진할 수 있는 길을 국가가 열어줄 때가 되었습니다. 그게 흙수저에서 미래의 보석을 건지는 일이고 대학 본연의 사명입니다."

::

문재인과 박영선

문재인은 《운명》이란 책을 썼다. 2011년이었다. 노무현 대통령 서거 2주기에 맞추어 출간되었다. 이 책은 초판 15,000부가 순식간에 동이 날 정도로 반응이 뜨거웠다. 노무현 대통령이 "운명이다." 라는 유언을 남기고 서거한 뒤 그의 정치적 동지인 문재인이 다시 운명이라는 화두로 나선 것이었다. 이 책에는 참여정부 당시의 비화에 대해서도 많은 내용이 소개되었다. 그중 한 대목에 이런 일화가 나온다.

당시 MBC 기자였던 박영선 의원을 자신^{문재인}이 청와대 대변인으로 추천했지만 다른 인물이 발탁돼 아쉬웠다.

'추천'과 '발탁'과 같은 단어는 통상 연줄과 관계에 대한 호기심을 자극하지만 사실 이 무렵 박영선과 문재인은 일면식도 없었다. 다만 노무현 대통령이 당선된 날 밤 서울 혜화동 자택 앞에서 박영선이 대통령 당선 일성 특종 인터뷰를 낚아채 언론의 주목을 받은 바 있다. 감격의 환호가 물결치던 날 노무현 대통령이 꺼낸 첫마디가 정계 개편이었다. 통상 이전 대통령 당선인들이 당선 일성으로 접근하던 방식과는 다른 화두여서 상당한 반응을 불러일으켰다. 그때가 2002년 12월이었다. 당시 박영선이 진행하던 인터뷰 프로그램 〈박영선의 사람과 세상〉을 통해 그 뉴스가 전국으로 퍼져 나갔다.

　사실 노무현 대통령과 인터뷰하기 전에 권양숙 여사와 먼저 인터뷰를 했다. 노무현 대통령이 후보였던 때 박영선은 권양숙 편을 5분 이상 방송했는데, 권 여사의 인터뷰 내용이 진솔해서 시청률이 수직 상승했고, 이는 당시 답보 상태에 있던 노무현 후보의 지지율을 끌어올리는 데 기여했다. 이렇게 보면 박영선과 문재인의 인연 이전에 문재인의 정치적 동지인 노무현과의 인연이 선행됐던 셈이다.

　그러니까 문재인이 참여정부 초대 대변인으로 박영선을 염두에 둔 때가 2002년 말에서 2003년 초 언저리가 될 듯싶다. 아마도 이때가 문재인—박영선의 관계가 공식적으로 새겨진 첫 시점이었을 것이다. 이미 밝힌 바와 같이 그렇다고 해서 두 사람이 안면이 있었거나 명함을 주고받은 사이는 아니었다. 박영선은 문재인과 대학 동문이라는 사실도 그보다 훨씬 뒷날인 2008년경에야 기자들의 귀띔으로 알게 되었다고 한다.

　박영선은 2012년에 이어 2017년 대선에서 공동선대위원장으로 문재인 후보를 적극 도왔다. 그리고 보면 문재인과 박영선의 인연도 시간상으로 두 팔 벌릴 만큼은 축적되었고, 내적으로 상호 연결된 대목은 그 거리 이상으로 깊다고 할 수 있다. **가끔씩 누가 더 친문 원조에 가까우냐는 논란이 언론에서 언급되고는 하는데**, 시간의 이력이나 관계의 밀도로 보나 박영선을 친문의 원조라 칭해도 손색이 없을 듯싶다. 그리고 문재인 대통령과 박영선의 인연을 살펴보는 것은 인물을 통해 한국 정치의 현실을 더듬어보는 데 유익한 검토가 될 듯하다.

　기자 박영선은 노무현 정부 때 정치에 입문했다. 당시 MBC 경제부장을 역임했던 그는 열린우리당의 영입 제의를 받아 대변인으로 정치 인생을 시작했고, 2004년 비례대표 의원이 된다.

　그는 정치 입문 때부터 두각을 나타냈다. 대변인 논평에 일대 바람을 일으키더니 검찰과 재벌 개혁의 선봉에 섰던 것이다. 언론에서 저격수라고 부르는 것은 긍정적인 표현이다. 남들이 잘할 수 없는 것을 용기 있게 나서서 철저하게 파헤친다는 칭찬의 의미가 있다. 저격수라는 언론의 호칭이 당시만 해도 여성 의원에게는 생소한 것이었다. 그만큼 박영선은 의정 생활의 새로운 영역에서 의미 있는 도전장을 내밀었고, 그래서 주목받았다.

2019년 4월 8일 중소벤처기업부 장관 임명식. 중소기업, 벤처기업, 소상공인, 자영업자 중심의 경제구조를
확립할 '강한 중소벤처기업부 만들기'가 첫 일성이었다.

그중 하나가 금산분리법이었다. 정확한 법률안 명칭은 '금융산업의 구조 개선에 관한 법률 개정안'이다. 2005년 7월에 박영선이 대표 발의했다. 금산법 개정안의 골자는 법률 금산법 제24조를 위반하여 주식을 초과 소유하고 있는 금융기관에 대해서 시정명령을 강제할 수 있도록 개정안을 만들자는 것이다. 이렇게 하면 삼성생명, 삼성카드 등 재벌 그룹 금융사가 금융감독위원회의 승인 없이 소유하고 있는 계열사 지분을 강제로 처분할 수 있다는 것인데, 이는 재벌의 아킬레스건을 건드리는 조치인 것이다. 초선 의원 박영선이 사실상 금기시되어온 재벌 문제를 정면으로 건드린 것이어서 언론의 관심이 컸다.

박영선은 금산분리법에 대해 강력한 의지를 갖고 있었고 법안 통과의 힘을 얻기 위해 당시 청와대를 찾아가서 민정수석이던 문재인을 만났다. 이 사실을 문재인은 박영선의 저서 《자신만의 역사를 만들어라》 추천사를 통해 이렇게 기록하고 있다.

참여정부 초선이던 그가 청와대 민정수석이던 저를 찾아와서 금산분리법 개정 문제 등 재벌 개혁 과제에 대해 정부가 분명한 의지를 갖고 챙겨달라고 요구하던 기억이 납니다.

문재인 대통령의 말처럼 박영선은 청와대로 문재인 민정수석을 찾아갔다. 이 만남이 박영선과 문재인의 공식적인 첫 만남이었다.

2005년 6월경이었다. 첫 만남치고는 장소나 의제가 무거웠다. 박영선은 "청와대와 내각 안에서 벌어지는 금산분리법 혼선 관련 책임의 소재를 가려주십시오."라고 요청했고, 이에 대한 문재인의 대답은 "알겠습니다. 조사해보겠습니다."로 짧았다. 그런데 얼마 지나지 않아 문재인 민정수석이 국회의원 회관으로 박영선을 찾아왔다. 의외의 발걸음이었다.

금산분리법 관련 자료가 필요하다고 했다. 박영선은 성의껏 챙겨주었다. 그 후 9월 말 문재인 수석은 금산분리법과 관련하여 성명을 냈는데 그 내용은 "청와대 비서진 중 금산분리법과 관련하여 일탈 행위를 한 사람은 없는 것으로 안다."는 것이었다. 박영선이 문재인에게 요청한 사항은 주의 조치로 일단락되었고, 그 과정에서 박영선은 문재인 수석에게서 부드러운 외모에 가려진 냉정한 원칙주의자의 면모를 보았다고 말한다.

2008년, 이번에는 역으로 문재인이 박영선을 찾아왔다. 이례적인 방문이었는데 박영선의 요청에 의해서였다. 박영선은 BBK 사건에 관한 궁금한 점을 풀기 위해 문재인 변호사에게 만나자고 청했고, 노무현 대통령이 임기를 마친 뒤 낙향했던 문재인 변호사가 BBK 사건으로 고생이 많다면서 박영선의 사무실로 찾아온 것이었다. 의원회관이 장소가 된 것은 당시 MB 정권이 박영선을 사찰하고 있던 때여서 바깥에서 만나기가 조심스러웠기 때문이다. 두 사람은 도시락을 먹으며 BBK에 대해 이야기를 나누었다.

누구보다도 담백하게 살아온 인권 변호사 문재인의 정의감과 결기가 느껴지는 따스한 방문이었다는 것이 쉽게 읽힌다. 검찰과 이명박 정부의 핍박을 당해보지 않은 사람은 모를 것이다. 수단을 가리지 않는 이명박의 스타일대로 박영선의 가족과 주변인들은 큰 고통을 겪었다.

그리고 시간이 흘렀다. 이명박 정권에 대한 피로도가 증폭되고 야권 통합으로 새로운 정권 창출의 기대가 커져가면서 18대 대선 움직임이 싹트고 있었다. 노무현 대통령 서거 이후 칩거하던 야인 문재인은 2011년 《운명》이란 책을 출간했다. 이 책의 파장은 컸다. 단순히 정치적 파장뿐만이 아니었다. 《운명》에 실린 내용에 대한 공감대가 컸다.

이는 자연스럽게 문재인을 정치권으로 호출하는 분위기로 이어졌다. 문재인은 전국을 돌며 《운명》 북 콘서트를 진행했다. 반향과 울림이 컸다. 그런 만큼 문재인은 정치권의 진앙으로 빠르게 진입했다. 책 출간 후 불과 6개월이 지난 시점에 그는 이미 대한민국 정치권 한복판에 서 있었다. 박영선은 《누가 지도자인가》에서 문재인을 '정치에 어색해하는 듯한 모습을 보이면서도 이미 정치의 중심에 선 것이다. 특별한 능력이다.'라고 평가했다.

2011년 12월 노무현재단 이사장으로서 '혁신과 통합'을 주도하며 야권 통합을 추진하던 문재인은 모교인 경희대학교에서 개최한 북

2011년 가을 《운명》 북 콘서트를 앞두고 경희대학교 캠퍼스에 나란히 선 문재인과 박영선

콘서트에 박영선을 초청했다. 동문 박영선 의원을 모교 행사에 초청하는 친밀감을 보인 것이다. 탁현민이 사회를 보았던 이 행사는 '정치인 문재인의 면모를 확인할 수 있었던 자리였다.'고 박영선은 회고한다. 정권 교체 가능성, 안철수 현상의 이유 등에 관한 질문에 대해 문재인은 달변은 아니지만 핵심을 짚는 현답을 내놓으며 역량을 보여주었다. 박영선은 특히 큰 통합으로 정권 교체를 해야 한다는 문재인의 제안에 공감했다.

문재인은 2011년 12월 부산 사상 지역구에 국회의원으로 출마하면서 정치권에 공식적으로 진입한다. 국회의원으로 제도권 정치에 입성한 문재인은 바로 대권 주자 반열에 올랐다. 아마도 정치 입문

후 이렇게 수직적으로 대권 주자가 된 사례는 없을 정도로 문재인의 현실정치 안착은 빠르게 진행되었다.

당시 대권 주자 구도를 복기해보면 안철수 현상으로 정치권에서 안철수 이름이 먹혀들던 때였다. 서울시장 보궐선거에서 안철수와 박원순이 급부상하는 가운데 안철수가 박원순에게 시장 후보를 양보하는 아름다운 장면이 시중에 화제였다. 양보의 미덕으로 주가를 올리던 안철수는 대권 후보로 업그레이드되어 다시 국민의 주목을 받았다. 장외에서 안철수라는 다크호스가 등장한 것이다. 이로써 야권 단일 후보에 대한 논평과 전망이 언론의 헤드라인을 장식했다.

대선 정국이 달아오르던 2012년 8월의 어느 날, 문재인은 박영선을 찾았다. 박영선은 이때의 심경을 《누가 지도자인가》에 이렇게 적고 있다.

피하고 싶지만 왠지 다가올 것 같았던 그 일이 강하게 나에게 다가왔다. 결국 순회 경선이 시작되면서 문 후보가 참여 요청을 했다.

또 이 책에는 "대통령 후보로 나서라고 할 때는 언제고 왜 다들 캠프에 들어와서 도와주지 않는지 모르겠다."며 문재인 후보가 아쉬워했다고 적혀 있다.

박영선의 이 같은 소회 뒤에는 악몽 같은 BBK의 그림자가 있었다. BBK 의혹으로 가족이 겪었던 아픔을 기억하고 있는 박영선으로서는 다시 대선전에 선뜻 다가가는 것이 흔쾌하지 않았다. 그런 박영선의 반응에 문재인은 버럭 화를 내면서 "그러니까 우리가 더 열심히 해야 하는 것 아닌가요?"라고 말했다고 이 책은 기록하고 있다.

그날 밤 박영선은 밤새 번민했다. 초승달이 창공에 걸린 모습을 쳐다보면서 혼자 국회를 두 바퀴 걸었다. 박영선은 "아직도 정치를 낯설어하는 게 역력하게 느껴지는 문재인 후보의 안쓰러움 같은 것이 내 마음을 움직였다."고 말한다.

그렇게 해서 박영선은 문재인의 책 제목대로 '운명'처럼 다시 대선전에 뛰어들었다. 민주당 대통령 후보 문재인을 지근거리에서 도왔다. 문재인의 운명이 박영선에게 전이되는 것 같은 양상이었다.

당시 야권의 대선 후보 구도는 문재인과 안철수 두 기둥이 이끌었다. 그러나 정권 교체를 위해서는 야권 통합이 지상명령이라는 압박이 컸고, 그 바람대로 통합 작업이 진행되었다. 이른바 문재인-안철수 야권 단일화다.

이 협상 테이블의 민주당 단일화 협상팀장이 박영선이었다. 문재인이 박영선을 신뢰하지 않고는 맡길 수 없는 자리였다. 박영선은 숱한 협상 고비를 밀고 당기면서 문재인 후보 만들기에 매진했다. 받아들이기 힘든 협상안을 안 후보 측이 고집할 때면 문재인 후보도 마음이 흔들리고는 했다. 긴박했던 순간마다 박영선은 문재인 후보 곁에 있었고, 특유의 단호함과 인내로 흔들리지 않으며 협상을 이끌었다. 끝까지 버텼다. 결국 안철수 후보가 포기하는 것으로 단일화

2017년 대선 당시 문재인 후보의 부산 유세 지원에 나선 박영선

협상은 마무리되었다. 협상 대표로 나선 박영선의 단호한 인내에 안철수가 물러섰던 것이다.

이어 박영선은 공동선대본부장으로 야권 단일 후보 문재인과 전국을 누볐다. 대중적 인지도를 바탕으로 문재인 후보의 지지를 호소했다. 그렇지만 승리의 여신은 이번에도 박영선의 '견마지로'를 비껴갔다.

이 지점에서 한번 복기해봐야 하는 것이 있다. 당시 언론을 보면 박영선이 친문좌장이었다고 적고 있다. 그렇지만 2012년 대선 직후 박영선은 물러서 있는 것이 지혜라고 생각했다. 문재인의 패인이라고 할 수 있는 중도층 외연 확장을 위해서는 그 사각지대를 누군가 메워주어야 하고 묵묵히 그 일을 감당해야겠다는 생각에서였다.

2017년은 양상부터가 달랐다. 탄핵이라는 전대미문의 혼돈 속에 절치부심한 문재인은 다시 민주당 대통령 후보로 나섰다. 박영선은 2016년 12월 열린 최순실 청문회에서 최순실을 몰랐다고 발뺌하는 김기춘을 추궁하여 그로부터 "모른다고 말할 수는 없습니다."라는 답변을 끌어냈고, 최순실의 육성을 처음으로 공개하는 성과를 올렸다. 그날 문재인은 박영선에게 '오늘 정말 큰일을 했다.'라는 의미의 문자메시지를 보냈다.

퀘렌시아^{헤밍웨이의 소설 〈오후의 죽음〉에 등장하는 '퀘렌시아'는 투우장에서 소가 마지막 결전의 순간을 앞두고 호}흡을 가다듬는 순간을 의미한다. 박영선은 퀘렌시아의 기도 속에 2017년 4월 결정적 순간, 문재인 후보를 돕기로 결정했다. 공동선대위원장으로 전면에 나섰다. 통합정부 추진이라는 밑그림으로 새로운 이정표를 제시했다.

그는 2016년 총선에서 국민의당에게 그라운드를 내준 호남 표밭을 농부가 거름 주듯이 누볐다. 호남에서 민주당 현역 의원은 1명뿐이었다. 박영선이 호남 집중 유세를 시작하면서 좀처럼 움직이지 않을 것 같았던 호남 분위기가 매일매일 바뀌었다. 유세 기간 중 호남만 10차례 방문했다. 개표 결과 호남에서 민주당이 압승을 거두었다. 반전을 일궈낸 것이다.

문재인의 승리는 그래서 박영선에게 두 가지 반전을 한꺼번에 안겨주었다. 국정 농단 세력을 심판한 대선 재수생 문재인의 승리라는 반전에 민주당의 보루 호남의 지지를 다시 되찾아왔다는 반전이 그

것이다. 박영선은 기뻤다.

　문재인과 박영선. 금산분리법으로 정의롭고 공정한 대한민국을 향한 의기투합을 했던 인연이 단초가 되어 새로운 정권 창출에 힘을 합쳐 나라다운 나라를 만드는 여정에 동행하며 오늘에 이르고 있다. 문재인 대통령과 박영선은 경희대 동문이다. 하지만 학연이라는 고리에 얽매인 루틴한 관계가 아닌, 공정한 사회를 향한 의기투합으로 시작한 두 사람의 관계는 늘 위기에서 문재인을 지지하고 의지하는, 그래서 그 위기를 변곡점으로 만드는 역할이 박영선에게 주어졌었다.

재벌 개혁을 외치다, 박영선의 금산분리법

2017년 2월 17일 새벽 5시 53분, 박영선이 트위터에 글을 올렸다.

〈속보〉

이재용 부회장 구속 영장 발부

박상진 사장 기각

박영선이 올린 그 글에 대한 첫 댓글은 '어? 잠 안 자고 기다리셨나 봐요, ㅎㅎ.'였다.

잠 안 자고 기다렸다? 과연 박영선은 잠을 쫓으면서까지 삼성 이재용 부회장의 구속 영장 발부 소식을 기다렸을까?

특검이 이재용의 구속 영장을 청구한 것은 그때가 두 번째였다.

첫 번째는 법원에서 기각했다. 대한민국 최고 기업 삼성의 1인자 구속 여부는 당연히 초미의 관심이 집중된 최고의 뉴스일 수밖에 없었다. 박영선은 이재용에게 구속 영장이 발부되었다는 소식을 접하면서 십수 년 전 여의도 MBC 사옥 5층의 보도국을 떠올렸다. 경제부장이었던 박영선은 그때 〈뉴스데스크〉 편집부장과 심한 언쟁을 했다. 〈뉴스데스크〉 편집부장은 보도국의 수석부장 격으로 그날그날의 〈뉴스데스크〉 방송 아이템 족보를 구성하는 작업을 한다.

발단은 삼성의 BW^{신주인수권부사채} 관련 보도 때문이었다. 편집부장은 박영선이 발제한 '삼성 편법 증여 의혹' 리포트를 〈뉴스데스크〉에 내보내는 것을 부담스럽게 생각하는 듯 보였다. 실제로 삼성과 관련한 기사는 오전 편집 회의 때까지만 해도 잘 잡혀 있다가 막상 방송에는 나가지 않은 일이 비일비재했다. 그래서 박영선은 삼성과 관련한 기사가 잡혀 있는 날에는 퇴근도 미룬 채 〈뉴스데스크〉가 끝날 때까지 지키고 있다가 방송에 나가는 것을 확인하고서야 비로소 회사를 나서고는 했다.

삼성 승계 문제는 1995년 무렵부터 참여연대 등의 시민단체가 지속적으로 고소와 고발을 이어온, 삼성의 아킬레스건이었다. 경제부 기자 시절부터 삼성의 편법 증여 문제를 소상히 파악하고 있던 박영선은 삼성 문제를 다루는 보도의 중요성을 강조하면서 반드시 뉴스데스크를 통해 보도되어야 한다는 소신을 굽히지 않았다.

당시 박영선의 삼성 편법 증여 보도가 왜 중요했는지 그 히스토리를 거슬러 올라가 보자.

1995년 이재용 삼성전자 부회장은 아버지 이건희 회장으로부터 60억여 원의 현금을 증여받는다. 증여세로 16억 원을 납부하고, 남은 현금 41억 원으로 비상장 계열사였던 삼성SDS와 삼성엔지니어링에 투자한다. 이 두 회사는 곧 상장 수순을 밟았고, 이재용은 563억 원의 상장 차익을 남긴다. 이듬해인 1996년, 이재용은 92억 원으로 에버랜드 CB전환사채 120만 주를 주당 7,700원에 매입해 삼성 그룹을 실질적으로 지배하고 있는 에버랜드의 지분 25.1퍼센트를 보유하게 됨으로써 최대 주주로 등극한다. 이재용은 주식 92억 원어치를 쥐었을 뿐인데 삼성 그룹을 지배하게 된 것이다. 그리고 이때의 92억 원은 20년 동안 복잡하게 얽힌 그룹 내 지분투자 과정을 거치면서 5조 원으로 불어난다.

최순실 게이트 청문회에서 수면 위로 떠오른 제일모직과 삼성물산의 합병 및 경영권 승계 논란도 발단은 1996년 에버랜드의 전환사채를 헐값으로 매입한 것이 출발점이었다.

이재용이 구속 수감되고 나서 언론은 수없이 많은 관련 기사를 쏟아냈다. 그 가운데 수감 중인 이재용을 누가 면회했느냐 하는 문제도 관심거리였다. 수감 이튿날 최지성 미래전략실장이 처음 면회를 했고, 두 번째가 이인용 삼성전자 사장이었다. 여기서 주목할 인물은 이인용이다. 수감된 이재용을 두 번째로 면회함으로써 이인용은 그만큼 삼성 내에서의 위치가 확고한 동시에 이재용의 최측근임을 확인시켜주었다.

그 보도를 접하면서 박영선은 묘한 상념에 사로잡혔다. 그는 경제 정의를 실현하기 위한 의정 활동의 일환으로 반칙과 특권을 통해 막강한 부와 권력을 쌓아온 '삼성공화국' 문제를 끈질기게 추적해오고 있었다. 그런데 그 그룹의 수장이 구속되는 장면에서 이인용이 같은 화면 속에 등장한 것이다.

이인용과 박영선은 MBC 입사 동기다. 기수로 따지면 19기다. MBC 19기 중에는 유독 품성 좋고 실력 뛰어난 기자가 많았는데, 이인용도 그중 한 사람이었다. 박영선이 정계에 입문한 이듬해인 2005년 이인용은 MBC에서 삼성으로 자리를 옮겼고, 삼성의 주요 요직을 거친 뒤 이재용의 신임을 받으며 삼성전자 사장 자리에까지 올랐다. MBC에 재직하던 시절 이인용과 박영선은 돈독한 사이였다. 하지만 이인용이 삼성에 간 이후로는 더 이상 그런 관계를 유지할 수 없었다.

2016년 12월 박영선은 국회에서 이인용과 조우했다. 이인용이 국회를 찾은 것은 최순실 국정 농단 조사특위의 일환으로 재벌 청문회를 열었을 때 삼성 이재용 부회장과 동행했기 때문이다. 청문회의 시선은 단연 이재용 부회장에게 집중되었다. 박영선은 이재용에게 연거푸 송곳 질문을 던졌다.

박영선에게 그날의 이인용은 'MBC 동기생 이인용'이 아니라 '삼성의 이인용'이었다.

박영선은 경제부 기자 시절의 수첩을 다시 꺼내 보았다. 한국 경제의 구조적 모순, 재벌의 문제점, 재벌이 중소기업을 착취하는 시스템 등에 관한 메모가 선명하게 적혀 있었다. '경제정의', '공정경제'라는 개념이 굵은 글씨로 적혀 있기도 했다. 박영선은 경제부 기자 시절에 현장을 발로 뛰며 경제정의를 체득했다. 국회의원이 되어 그것을 실현하는 첫 단추로 금산분리법 입법을 위해 싸우는 중이었다. 재벌이 지배하는 구조의 경제 시스템이 지속되는 한 한국 경제의 미래는 없다는 처음의 각오를 다시금 되새겼다.

금산분리법은 한국 사회 전체에 커다란 논쟁을 일으켰다. 당시 청와대에서도 박영선의 금산분리법 발의를 탐탁지 않게 여기는 기류가 없지 않았다. 금산분리법의 취지와 지향점 그리고 법안 문구를 둘러싼 논란은 이해 당사자의 숫자만큼이나 다양했다.

금산분리법은 '박영선법'이라고 불린다. 박영선이 발의자이고 박영선의 철학이 녹아 있는 법이다. 재벌 지배 구조의 문제를 처음으로 법제화했다는 점에서 헌정사에 기록될 만하다. 순환출자라는 악마의 고리를 끊어 공정한 나라의 초석을 세우겠다는 박영선의 의지에는 대체재가 없었다. 그는 순환출자 구조를 암적 존재라고 칭한다. 중소기업의 싹을 자르고 기회를 봉쇄하는 착취 행위다. 막스 베버는 '아무리 선한 의지를 갖더라도 실행하지 않으면 아무런 의미가 없다.'고 했다. 정치인은 법으로써 국가와 사회에 희망의 초석을 놓는다.

2015년 재벌개혁특별위원회에서 발언하고 있는 박영선. 그는 재벌들의 순환출자에 따른 악순환의 고리를 끊지 않는 한 대한민국이 바로 설 수 없다고 생각했다. 그래서 2005년에 발의한 법이 금산분리법이었다.

박영선은 금산분리법을 통해 '정치인 박영선'의 신고식을 치렀다. 초선 의원이지만 당당하고 독립적인 정치인으로서 새롭게 출발하는 걸음을 내딛었다. 방송 잘하고 언변 좋은 기자 출신 박영선이라는 표피적인 평가의 외투를 벗어던졌다. 박영선의 진짜 실력에 첫 불을 댕기는 순간이었다. 이후 그는 언론으로부터 재벌 저격수라는 칭호를 얻는다.

박영선은 이인용과의 인간적 우정에 대해 많은 고뇌가 있었다. 그는 사사로움에 얽혀 큰일을 그르치지 않고 공적인 영역에 사사로운 것을 섞지 않는 것이 무척 힘들지만 그런 심지로 자신을 단련했다.

인간적인 고뇌가 컸을 것이다. 그로 인해 상처도 있었을 것이다.

필자가 물었다. "앞으로 같은 상황이 벌어진다면 그때도 그럴 것이냐."고.

박영선은 "힘들지만 그래야겠지."라며 고개를 끄덕였다.

::

이명박 BBK, 진실을 폭로하다

정치와 인간은 서로 분리될 수 없는 상호의존적인 관계에 있다. 그런데 멀쩡하던 사람도 정치판에 와서는 이상하게 변하는 것을 자주 목격하게 된다. 정치와 인간의 본성이 원래 그런 걸까? 반드시 그렇지는 않다. 정치의 속성으로만 핑계를 댈 수는 없다. 정치인 이전에 인간으로서의 자질에 대한 성찰이 부족한 부분이 있을 것이다.

박영선과 이명박을 놓고 볼 때 이런 경우도 참 드물다는 생각이 들고는 한다. 두 사람은 기자와 취재원으로 처음 만났다. 그때는 관계가 좋았다. 각각 재계와 언론계에 있을 때는 좋은 관계를 유지하다가 정치판에 와서 정적이 된 대표적인 사례가 아닌가 싶다. 또한 통상 정치판에서는 정쟁이란 이름으로 대립하고 삿대질도 하지만 나중에 원한을 풀고 화해하는 경우도 허다하다. 하지만 박영선과 이명박의 관계는 그런 도식에서도 벗어나 있다. 박영선은 이명박으로 인해 무척 힘든 곤욕을 치렀고 아픔을 겪었다. 정치적으로 말하면 복수였다. 이명박은 대통령이 된 뒤 BBK 폭로의 선봉에 섰던 박영선에게 공권력까지 동원하며 무차별 공격을 가했다. 검찰이나 공공기관이 집행자로 나섰지만 그 배후에 BBK의 원한이 서려 있다는 것은 삼척동자도 다 아는 일이다.

박영선과 이명박의 애증의 서곡, 한 편의 긴 드라마 같은 이야기를 하기 위해서는 먼저 박영선의 기자 시절로 돌아가야 한다.

MBC 경제부 박영선 기자는 한때 청운동 출입 기자였다. 청운동에 기자실이 있었던 것이 아니라 현대 그룹 정주영 회장의 자택이 거기에 있었다. 정주영은 당시 북방 교류와 관련해 뉴스메이커로 부상했고, 정주영의 말 한 마디 한 마디가 대서특필되었다. 그 때문에 기자들은 정주영 회장의 입을 통해 나올 한 마디 말이라도 듣기 위해 새벽부터 청운동 자택으로 몰렸다. 하지만 어느 누구도 정주영 회장의 집 안으로 들어갈 수는 없었다. 수위가 가로막고 통제했다. 이런 상황에서 박영선만이 특권을 누렸다. 정주영 자택의 수위는 박영선만을 살짝 들여보내 주는 기지를 발휘했다.

"아저씨가 나를 딸처럼 예뻐해서 그렇게 해주었습니다. 새벽부터 정주영 가※ 며느리들이 분주하게 조반상을 준비하는 모습이 이채로웠습니다. 이들은 하도 분주해서 내가 온지도 몰랐어요. 그러니 난

자유롭게 운신할 수 있어 참 좋았습니다."

부엌을 통과해 거실로 가면 이미 정좌하고 있는 정주영 회장을 대면할 수 있었다. 그야말로 독대다. 정주영은 이런저런 이야기보따리를 풀어낸다. 박영선은 이를 온전히 다 받아서 메모한다. 이어 아침 식사 후 정주영 회장이 대문을 나서면 바깥에서 대기 중이던 기자들이 몰려와 정주영에게 질문을 퍼부었다. 이때 정주영 회장의 답변이 걸작이었다.

"박영선 기자에게 물어봐요."

박영선이 이미 거실에서 단독으로 인터뷰해서 정보를 다 얻었으니 그럴 만도 했다. 그렇게 자택 앞 브리핑이 끝나면 정주영 회장은 청운동에서 현대 사옥까지 조깅으로 출근했다. 이때 특이한 광경이 있었으니 박영선은 정주영 회장의 차로 이동했다는 점이다. 자신의 차를 타고 오라는 정 회장의 특별한 배려 때문이었다. 회장은 뛰고 기자는 승용차에 타고 가는 진풍경이 벌어진 것이다.

그렇게 해서 계동 현대 사옥에 도착하면 현대건설 이명박 사장이 정문 앞에서 정주영을 맞았다. 매일 되풀이되는 시계 같은 일과였다. 이명박의 사무실은 창덕궁이 내려다보이는, 전망이 아주 좋은 방이었다. 기자들 가운데 유독 정주영 회장의 신임을 받고 있으니 이명박도 박영선을 대우하지 않을 수 없었다. 이명박도 그런 정도의 세상 물정은 아는 사람이니. 그렇게 정주영 회장의 아침 브리핑을 특종한 박영선은 이명박의 사무실에서 잠시 여유를 가지며 차담을 할 정도의 사이였다.

1989년, 당시 정주영 회장은 시베리아 천연가스를 끌어오기 위해 동분서주했다. 이에 대한 언론의 취재 경쟁이 뜨거웠다. 그러나 정주영 회장을 만나기가 쉽지 않았다. 단독 인터뷰는 더더욱 어려웠다. 그러던 중 박영선은 정주영 회장이 모스크바에서 도쿄까지 브리티시항공을, 도쿄에서 서울까지는 대한항공을 이용한다는 동선 정보를 얻었다. 박영선은 어떻게 해야 정주영을 만날 수 있을까 고민하다가 일본행을 택했다. 도쿄로 날아가서 정주영의 길목을 지키겠다는 작전이었다. 우여곡절 끝에 정주영을 일본 공항에서 만났는데, 그때도 이명박이 곁에 있었다.

정주영 회장과 이명박 사장은 나란히 서울행 대한항공 1등석에 탑승했다. 박영선은 1등석에 같이 탑승해 그들과 1시간 동안 인터뷰를 할 수 있었다. 소중한 특종이었다.

박영선과 이명박 사이에 펼쳐질 다음 장면을 이해하기 위해서는 간지間紙 설명이 필요하다. 이명박은 민자당 비례대표로 정계에 입문해서 14대 국회의원 배지를 단다. 국민당을 창당한 정주영과는 정치적으로 다른 행보였다. 이어 15대 총선 때 종로에 출마해 쟁쟁한 후보였던 노무현, 이종찬 등을 제치고 신한국당 의원이 된다. 하지만 호사다마라고, 정치 1번지 지역구 의원으로 등극한 이명박의 정치 행로가 여기서부터 꼬이기 시작한다. 이명박은 선거법 위반으로 의원직을 잃고 미국으로 홀연히 떠났다가 돌아온다. 귀국한 그는 한국에서 금융 사업을 시작하면서 재기를 노리는데, 그게 바로 BBK 사건의 발단이 된다.

2000년, 박영선은 LKe뱅크 대표로 귀환한 이명박을 인터뷰했다. 금융업으로 다시 주목받는 이명박 인터뷰는 당시 박영선이 진행한 〈경제 매거진〉에 길게 방송되었다. 인터뷰는 자동차 안에서 진행했는데, 새로운 인터뷰 기법과 화면 처리로 인해 주목을 끌었다. 이명박이 운전석에서 운전을 하고 박영선이 조수석에서 질문하는 인터뷰 방식이라 공을 많이 들인 만큼 신선했다. 박영선의 회고다.

"당시 이명박은 현대 건설 시절이나 정계 이야기보다 LKe뱅크 동업자인 김경준 이야기를 더 장황하게 했다. LK. 여기서 L은 이명박의, K는 김경준의 이니셜을 따온 것이었다. 그를 머리 좋은 사람, 아비트리지arbitrage. 차익 거래의 귀재라고 추켜세웠다. 심지어 내게 펀드 가입까지 권유했다."

당시 증시가 폭락하는 상황이었는데도 엄청난 차익을 봤다고 했다. 박영선은 그러한 사실이 의문스러웠는데, 나중에야 자연스럽게 풀렸다. 김경준이 서류 위조 혐의로 금감원의 조사를 받는다. 이명박 대표와 공동으로 투자한 금액을 마련하는 과정에서 자신의 회사 BBK에서 끌어다 쓴 자금이 문제가 된 것이다. 그 후 이명박은 공동 대표직을 그만두고 BBK의 증권중개업 예비허가 신청을 철회했다. 그러자 김경준은 광주의 뉴비전벤처캐피탈을 인수하고 BBK의 상호를 옵셔널벤처스로 바꾼다. 그리고 이 회사가 외국 회사에 인수합병

된다는 소문을 퍼뜨려 주가를 끌어올린 뒤 주식을 매각해서 **빼돌린** 384억 원을 갖고 미국으로 도피했다. 당시 소액 투자자들은 수백억 원의 손실을 보았다.

이런 과정에서 박영선은 이명박을 인터뷰하러 갔다가 우연히 김경준을 보게 된다. 당시 사무실은 시청 앞 삼성생명 건물 17층에 있었다. 박영선이 이명박을 인터뷰하러 갔던 장소가 바로 그 사무실이었다. 박영선은 취재를 하면서 BBK의 내막을 어느 누구보다 소상하게 알게 되었다.

박영선과 이명박이 원수지간이 아니라 좋은 관계를 유지했던 것은 여기까지였다.

사람 일이란 알 수 없다고 했던가. 기자 수첩에 적혀 있던 일들이 정치 쟁점으로 부각될 줄을 누가 예측이나 했겠는가. 2007년 이명박은 현대건설에 근무할 당시의 화려한 이력과 서울시장 재임 당시의 청계천 정비 사업 등을 내세우고, 여기에 불가능을 가능으로 일군 성공신화를 덧칠해서 '경제대통령' 대선 후보로 나선다. 그와 함께 BBK 사건이 후보 검증의 쟁점으로 떠오른다.

초선 박영선 의원은 이명박 공격의 선봉에 나선다. 논란의 핵심은 BBK가 이명박 후보가 세운 회사인가, 이명박 후보가 BBK 주가 조작에 관여했는가 여부와 LKe뱅크 대표직을 그만둔 뒤 김경준과의 관계 여부였다.

2007년 12월 6일, KBS에서 대선 후보 토론회가 있던 날이다. 그때를 박영선은 이렇게 기억한다.

"토론을 마친 이명박 후보는 나와 함께 있던 최재천 의원과 악수를 나누면서 나를 못 본 척했다. 그때 나는 이명박 후보를 향해 '저를 똑바로 못 쳐다보시겠지요?'라고 물었다."

KBS 공개홀 스튜디오를 걸어 나오면서도 대화가 이어졌다. 그때 이명박은 박영선에게 "저게 옛날에는 안 그랬는데……."라고 말끝을 흐리며 사라졌다. 이 장면은 지금도 인터넷에서 검색이 가능하다.

정치 속에서 인간의 행태가 어떻게 변질되는지 적나라하게 보여주는 장면이다. "저게~"라는 멘트는 상스러운 표현이다. 아무리 대선 후보 경쟁 관계에 있다지만, 이때 이명박은 이미 대통령에 당선된 듯한 태도를 보였다. 이명박 후보의 얄팍한 깊이가 표현된 예이기도 하다. 정치가 원래 그렇다는 말은 설득력이 없다. 정치적 야욕을 달성하는 데 혈안이 된 인간이 어떻게 망가지는지 보여주는 장면이기도 하다. 인간 본연의 자질에 관한 문제 아니겠는가?

대선에서 BBK는 최대 이슈였고, 그만큼 정치적 난타전으로 이어졌다. 광운대학교 동영상, 김경준 가짜 편지 등 공방이 그칠 날이 없었다. 진실을 왜곡하려는 과감한 시도가, 정치적 술수가 난무했다. 박영선은 오직 한 가지 일관된 입장을 취했다. 대통령 후보가 거짓말을 하고 있다는 것. 과거 그의 행적을 직접적인 경험과 팩트로 갖고 있던 박영선 입장에서 이는 선거전이기에 앞서 진실에 관한 문제

2007년 대선 당시 BBK를 폭로한 대가로 박영선은 엄청난 고초를 겪었다. 하지만 진실을 밝히려는 박영선의 노력은 멈추지 않았다.

였다. 아무리 힘들어도 적당히 넘어갈 사안이 아니었다.

이명박이 대통령으로 당선된 뒤에도 BBK 후폭풍은 사그라들지 않았다. 이명박은 당선인 신분으로 특검을 받았다. 하지만 특검은 이명박 당선인을 성북구 삼청각으로 불러내어 꼬리곰탕을 먹으면서 '조사'를 벌였고 무혐의 처분을 내린다. 소가 웃을 조사고 결론이다. 언론은 '꼬리곰탕 특검'이라 이름 붙였다. 당선인이라는 권력에게 면죄부를 준 대한민국 검찰의 민낯이 드러난 순간이었다. 반대로 김경준은 중형에 처해졌다.

2011년 박영선은 이명박과 고려대 동문인 한상대 검찰총장 인사청문회에서 에리카 김과 관련한 질문을 했다. 한상대는 "의미가 없다."는 말로 일축했다. 당시 미국에서는 이 사건이 여전히 진행 중이었다. 박영선은 울분을 삼키며 이렇게 말했다.

"신은 진실을 알지만 때를 기다린다. 진실은 아직 밝혀지지 않았다."

BBK 보복성 수사로 인해 일부 당원과 자신의 가족들이 겪은 아픔에 대한 울분이 아니었다. 진실을 호도하고 은폐하려는 자에 대한 외침이었다. 박영선이 늘 강조해온 검찰 개혁이 멈출 수 없는 이유도 이처럼 권력 종속적인 검찰의 해방이 필요하다고 믿기 때문이다. 검찰의 정의가 바로 서지 않는 한 이명박 BBK 같은 일은 계속 반복될 것이라는 게 박영선의 생각이다.

정치적 대척점에서 평행선을 달리던 2012년 7월 박영선은 이명박과 국회 본회의장에서 마주친다. 이명박이 자신의 임기 마지막 시정연설을 하는 곳에서였다. 시정 연설을 마친 이명박은 박영선에게 악수를 청했다. 이명박이 앞줄도 아닌 두 번째 줄에 앉아 있던 박영선에게 악수를 청했기에 주변 동료들은 의아하게 여겼다. 박영선은 기꺼이 악수를 받았다. 취임 후 공석에서 눈을 마주치지 않으려던 때와는 확연히 달라진 모습이었다. 그날의 풍경은 최재천 전 의원이 쓴《최재천의 여의도 일기》에 이렇게 묘사되어 있다.

재미있는 건 입장할 때 박영선 의원과 눈이 마주쳤다는 것입니다. 박영선 의원 뒷줄에 정몽준 의원이 앉아 있었는데, 정몽준 의원이 '대통령이 당신을 쳐다봤다. 분명히 퇴장할 때 악수하러 올 것이다.' 이랬다는 겁니다. 그래서 제가 '역시 권력 언저리에 있는 분들은 권력의 생리나 느낌을 잘 아는 모양입니다. 심지어 대통령의 눈길까지도.' 이렇게 답했습니다.

사실 이명박 대통령 당선 후 정몽준 의원이 박영선과 이명박 사이에 화해의 다리를 놓으려 애썼다는 후문이 돌았다. 청와대에서 이명박 대통령과 독대하는 자리에서 그동안 얽힌 악연을 풀 것을 건의했으나 성사되지는 않았다. 그럴 때마다 이명박은 "과거에는 나와 친했는데……."라고 했다는 것. 정몽준이 이처럼 두 사람의 화해를 시도한 것은 그가 누구보다도 박영선의 의정을 잘 이해했기 때문이었다. 그는 재벌 출신이지만 박영선의 재벌 개혁 정책 방향에 공감하기도 했다.

퇴임한 이명박은 박영선을 뇌리에서 지웠는지도 모른다. 그러나 박영선은 지울 수 없다. 진실이 묻힐 수 없는 이치와 같다. '옷깃만 스쳐도 인연'이 아니라, 옷깃 스친 것이 아주 묘한 인연이 되었다. 어느 날 박영선은 이렇게 말했다.

"진실이 이렇게 누더기처럼 변질되는 한 좋은 나라가 될 수 없습니다. 이명박에 대한 증오를 넘어 진실에 관한 문제이고 그 점에서 BBK는 끝나지 않은 진행형이고 언젠가 햇볕을 받아야 합니다. 진실이 승리한다는 것을 역사 앞에 증명해야 합니다. 진실 앞에서 무릎 꿇은 검찰의 태도는 해바라기 검찰 그 자체입니다. 그게 대한민국 검찰입니다."

국가 경영을 기업의 이익 추구 개념으로 치환하고 시도한 대통령 이명박의 BBK 드라마는 정치 속에 비루해지는 인간의 모습을 게걸스럽게 보여준 실화로 남아 있다.

그리고 2020년 10월, 결국 진실이 때를 기다려 BBK는 최종적으로 진실이 밝혀졌다. 무려 10여 년의 시간이 걸린 것이다.

::

박영선의 경고, 최순실 국정 농단으로 드러나다

자리가 갖는 특성이 있다. 의자의 높이만큼 짊어져야 할 책임이
있고, 직책 수행을 잘하라고 조성해주는 편리한 환경도 있다. 예전
에는 원내총무라고 표현했던 공당의 원내대표도 그런 자리 중 하나
다. 미국 의회에서는 원내대표를 Floor Leader라고 한다. 원내대표
는 영어 표현대로 리더다. 당 소속 의원들을 진두지휘하는 사령관
격이다. 당대표가 되기보다 원내대표 되기가 더 어렵다는 것은 정치
판에서는 다 아는 이야기다. 박영선 역시 치열한 당내 경선을 통해
대한민국 정당사상 최초의 여성 원내대표가 되었다. 첫 여성 원내대
표라는 직함도 의미가 있지만, 당내 계파가 없는 입장에서 지도력을
인정받았다는 사실이 더욱 의미 있는 평가일 것이다. 그동안 박영선
은 법사위원장, 정책위원회 의장의 소임을 '첫 여성'이라는 타이틀에

걸맞게 잘 수행해왔다.

원내대표는 당내 정책 수행에서 제도적인 뒷받침을 받을 수 있고 당의 발전을 위한 비전과 개혁 과제를 운영할 수도 있다. 본질적인 이야기는 아니지만 의사당 주차장에 고정 주차 공간도 할당받는다. 의사당 주차장에는 국회의장, 당대표 그리고 원내대표까지만 고정 주차 공간이 있다. 그만큼 의원들 사이에서도 예우를 받는다는 뜻이다. 권력의 허영심을 탐하는 자에게는 적절한 모양새로 향유하기에 원내대표만 한 자리도 없다고 할 정도로 중요한 직책이다. 박영선도 원내대표로 취임하면서 포부와 비전을 밝혔다.

하지만 꿈을 실현해나가기에 상황이 여의치 않았다. 대한민국 부실의 상징이 되어버린 세월호 사건이 터진 것이다. 세월호 사건 와중에 치러진 보궐선거에서 민주당이 참패해 안철수, 김한길 공동대표가 물러나는 일이 벌어졌다. 곧바로 당대표를 선출하기 어려운 상황이었다. 졸지에 박영선은 원내대표와 비대위원장을 겸무해야 했다. 박영선의 회상. "당초 비대위원장을 맡을 생각이 없었습니다. 두 가지 직을 수행하는 것은 원천적으로 불가능하다는 것을 알기에 고사했습니다. 결국 떠밀려 두 가지 일을 맡았습니다."

이런 이중고 속에 세월호 협상을 진두지휘하는 삼중고가 그의 어깨를 짓눌렀다. 박영선은 '세월호 7시간'에 대한 의구심을 최초로 제기하면서 문제 해결에 혼신의 힘을 기울였다. 그러나 특검이냐, 아니냐 논란에 휘말려 물거품이 되고 말았다. 그로부터 2년이 지난

2016년 최순실 국정 농단 사태를 직시하면서, 그 당시 박영선의 주장대로 진상조사위원회가 구성되어 제대로 된 조사가 보다 빨리 이루어졌다면 '7시간' 의문도 풀리고 그에 따른 의문점도 어느 정도 해소되었을 것이라는 아쉬움이 남는다.

세월호 사건만이 아니다. 박영선은 비상 국면 때마다 정확한 현실 인식 아래 명확한 처방을 제시해왔다. 그의 질문은 명료했고 겨누는 과녁은 정확했다. 과녁은 그가 지향하는 개혁의 목표이기도 하다. 그 목표는 우리 사회의 비켜갈 수 없는 과제이기도 하다.

2016년 늦가을은 역사에 어떻게 기록될까. 전대미문의 박근혜-최순실 게이트로 온 나라가 발칵 뒤집혔다.

"이게 나라냐?"

"대통령 하야하라!"

"새누리당 해체하라!"

분노한 민심은 촛불의 파도가 되어 광화문을 뒤덮었다. 몇 년 전부터 이 사태를 우려하고 경고하던 정치인이 있었다. 바로 박영선이다.

박영선은 2013년부터 (1)청와대 재벌 민원, (2)대통령 문건 유출, (3)세월호 7시간, (4)삼성과 권력의 유착관계에 대해 줄기차게 문제점을 지적해왔다. 그의 경고는 박근혜-최순실 게이트가 불거지면서 재조명받았는데, 다시 한 번 정리해보자.

첫째, 박영선은 재벌의 청와대 입법 민원을 경고했다.

2016년 겨울 광화문 촛불 문화제에 선 박영선. 그는 자신이 오랫동안 제기해온 의문과 경고의 메시지가 최순실 국정 농단이라는 현실로 나타나자 참담한 마음을 금할 수가 없었다.

2013년 정부는 전격적으로 외국인투자촉진법 개정안을 국회에 제출했다. 당시 법사위원장이던 박영선 의원은 이 법이 재벌 기업의 로비에 대통령과 국회가 굴복한 결과물이라며 처리를 반대했다. 당시 여당은 물론 야권 일부에서조차 박영선 의원이 자신의 소신 때문에 2013년 12월 31일 밤부터 2014년 1월 1일까지 국회 본회의를 정지시켰다고 비난했다. 이 법은 결국 법사위원장 직무대행에 의해 법사위를 통과하고 본회의에서 처리되었다. 그런데 결국 박근혜 대통령이 재벌 회장들을 독대하면서 재벌의 민원 청탁을 들어주었고, 최순실이 법 개정을 지시했다는 사실이 속속 드러나면서 2013년 당시 박영선 법사위원장의 경고가 사실이었음이 뒤늦게 밝혀졌다.

기록을 읽어보자. 2014년 1월 1일 새벽 3시 40분 제321회 국회^{임시}회 제4차 본회의 중 박영선 의원 발언 속기록을 인용한다.

"새누리당의 몇몇 의원님들이 저에게 이런 이야기를 했습니다. '외국인투자촉진법 여기에 문제가 있는 것을 안다. 그런데 대통령에게 이 법은 입력이 잘못됐다.' 그래서 제가 이렇게 말씀드렸습니다. '대통령에게 제대로 설명하십시오, 이 법이 앞으로 끼칠 우리나라의 경제 체질의 악영향에 대해서.' 그랬더니 한 의원님께서는 '대통령이 만나주지 않습니다.'라고 답변하셨습니다. 또 다른 한 의원님께서는 '대통령에게 잘못 입력된 것을 고치는 것이 정말 쉽지가 않습니다. 시간이 오래 걸립니다.'라고 말씀하셨습니다. 바로 지금 박근혜 정권의 한 단면을 이야기해주는 대목입니다. 고양이에게 방울 달 사람이 없는 것입니다. 이제 고양이에게 방울을 국민이 달 수밖에 없습니다. 이 법은 잠자던 아이가 울면 사탕을 물려주면 바로 울음은 그치지만 치아가 썩습니다. 바로 그러한 법입니다. (……) 그렇게 원칙을 강조하는 대통령이 이제 와서 경제의 근간을 흔드는 법을 무원칙적으로 이렇게, 어떤 특정 재벌 회사에게 특혜를 주기 위해서 법을 고쳐달라고 간청하는 민원법을 우리가 지금 이 새해 벽두부터 왜 통과시켜야 합니까?"

둘째, 박영선은 청와대 비서관 문건 유출을 경고했다.

최순실 게이트가 터진 것은 버려진 태블릿 PC에 남아 있는 대통령 연설문과 회의 자료 파일 때문이다. 이것은 청와대의 문건이 수시로 최순실에게 보고되었음을 증명하는 것이어서 일파만파의 충격을 가져왔다. 문고리 3인방 중 한 명인 정호성 비서관은 외교 자료와 해외 순방 자료 등 180건을 유출한 것으로 검찰 수사 결과 드러났다. 또 이성한 미르재단 전 사무총장은 최순실이 거의 매일 청와대로부터 30센티미터 두께의 '대통령 보고 자료'를 받아 직접 검토했다고 언론 인터뷰에서 폭로했다. 자료는 주로 청와대 수석들이 대통령한테 보고한 것들로 거의 매일 밤 청와대의 정호성 제1부속실장이 사무실로 들고 왔다는 것이다.

그런데 이러한 사실은 지난 2014년 당시 야당 원내대표였던 박영선 의원이 국회운영위원회에서 제기한 의혹과 거의 일치하고 있다.

당시 박영선 의원의 발언 내용을 살펴보자. 박영선의 주장을 뒷받침할 송곳 같은 질의 응답 속기록을 인용한다. 2014년 7월 7일 제326회 국회 임시회 제2차 운영위원회 박영선 의원 발언 속기록이다.

○박영선 위원: 제가 알기에는 지금 각료들이 대통령과 대면 보고를 못하는 것으로 알고 있습니다. 진영 장관도 대면 보고 문제 때문에 대면보고를 못 해서 사퇴를 했다고 밝히신 적이 있고요. 이재만 총무비서관 나와 계시지요? 이쪽으로 좀 나와 주세요. 걸어 나오시는 동안에들어주세요. 이재만 총무비서관이 밤에 외출을 자주 하신다고 들었는데, 그리고 목격자가 있더라고요. 여기에 대해서 답변해주세요. 왜 밤에 자주 외출하시지요?

○대통령비서실총무비서관 이재만: 밤에 외출한다는 게 무슨 말씀이신지 잘 모르겠습니다.

○박영선 위원: 저도 잘 모르겠습니다. 제가 그런 얘기를 들었습니다. 그것도 서류를 잔뜩 싸 들고 밤에 외출을 하는 것을 본 사람이 있더라고요.

○대통령비서실총무비서관 이재만: 그러니까 어디에서 외출을 한다는 말씀이신지 모르겠습니다.

○박영선 위원: 청와대에서요.

○대통령비서실총무비서관 이재만: 밤이란 몇 시를 얘기하시는지…….

○박영선 위원: 바깥으로, 외부로……. 제가 이재만 총무비서관의 스토

커도 아니고 몇 시에 뭘 어떻게 했다, 라고는 말씀드릴 수 없지만 이재
만 총무비서관이 서면 자료를 잔뜩 싸 들고 외출하는 것을 봤다는 사
람이 있습니다, 그것도 자주.

○대통령비서실총무비서관 이재만: 글쎄요, 그게 제가 어떤 특정한 목적
이 있어서 어디 외출한다는 의미보다는 청와대에서 집으로 갈 때 제
가 하다 만 그런 서류라든지 또 집에 가서 보기 위한 자료들을 가지고
가는 수가 있습니다.

○박영선 위원: 그 서류를 그렇게 외부로 가져갈 수 있을까요?

○대통령비서실총무비서관 이재만: 말씀하신…….

○박영선 위원: 보자기에 싸서 들고 다니신다는 그 얘기를 제가 들었거
든요.

○대통령비서실총무비서관 이재만: 위원님, 제가 보자기에 싸서 뭘 들고
나간 적은 전혀 없고요. 그리고 제가 말씀드리는…… 위원님께서 서
류라고 말씀을…….

○박영선 위원: 총무비서관이 청와대 서류를 함부로 밖으로, 집으로 가
져갑니까?

○대통령비서실총무비서관 이재만: 위원님께서 서류를…….

○박영선 위원: 대한민국이 뭐가 잘못돼도 굉장히 잘못돼가고 있네요?
(……) 분명히 말씀드릴 거는 청와대 서류를 밖으로 가지고 나가서,
나가는 것을 본 사람이 있습니다. 저희가 그걸 확실하게 지금 제보를
받아 갖고 있거든요. 앞으로 그런 일 하지 마세요. 그리고 그것은 대한

민국을 위해서, 대통령을 위해서 좋은 일이 아닙니다. 저희가 경고 차원에서 오늘 질문드리는 거고요.

셋째, 박영선은 대통령의 세월호 7시간을 경고했다.

박근혜-최순실 게이트는 마침내 세월호 참사 당일 7시간의 봉인을 해제하기 시작했다. 청와대는 박근혜 대통령이 7시간 동안 '관저 집무실'에서 여러 차례 보고를 받았다고 주장한다. 그러나 관저 집무실은 사무실이 아니라 주거 공간이다. 보고를 받고도 계속 관저에 머물렀다면 그 자체만으로도 근무 태만, 직무 유기가 되는 것이다. 하물며 생떼 같은 목숨들이 쓰러져가는 그 골든타임 동안 대통령이 무엇을 했는지 속 시원히 밝히지 않고 있으니 천하에 이런 기가 막힐 노릇이 있는가? 도둑이 제 발 저린다고 했던가? 대통령의 잃어버린 7시간 행적을 알고자 하는 것은 대통령의 사생활을 캐보려는 것이 아니라 그 시간에 '대한민국이 어디에 있었는가.'를 알기 위한 지극히 정당한 공적 질문이다. 박영선은 지난 2014년 국회 운영위에서 이 점을 청와대 김기춘 비서실장에게 물었다. 2014년 7월 7일 제 326회 국회 임시회 제2차 운영위원회 박영선 의원 발언 속기록은 이렇게 말한다.

○박영선 위원: 김기춘 비서실장님, '대통령께 세월호 참사가 있던 날 서면 보고로 10시에 했다.'라는 답변이 있었지요?

○대통령비서실장 김기춘: 예.

○박영선 위원: 지금 이것이 문제가 되고 있는데요. 이때 대통령께서는 어디에 계셨습니까?

○대통령비서실장 김기춘: 그것은 제가 정확하게 알지 못하고 국가안보실에서 1보를 보고를 드린 것으로 알고 있습니다.

○박영선 위원: 그러니까 대통령께서 어디에 계셨는데 서면 보고를 합니까?

○대통령비서실장 김기춘: 대통령께 서면 보고하는 경우는 많이 있습니다.

○박영선 위원: "많이 있습니다." ……지금 이 상황이 긴박한 상황이라는 것을 청와대가 인지하지 못했나요?

○대통령비서실장 김기춘: 그렇지 않습니다.

○박영선 위원: 그런데 왜 서면 보고를 하지요?

○대통령비서실장 김기춘: 아마 정확한 사항을 보고하기 위해서 그렇게 한 것으로 압니다.

○박영선 위원: 그럼 대통령께서 집무실에 계셨습니까?

○대통령비서실장 김기춘: 그 위치에 대해서는 제가 알지 못합니다.

○박영선 위원: 비서실장님이 모르시면 누가 아십니까?

○대통령비서실장 김기춘: 비서실장이 일일이 일거수일투족을 다 아는 것은 아닙니다.

○박영선 위원: 대통령이 이날 일정이 없었던 것으로 저희가 알고 있는

데요, 집무실에 안 계셨다는 얘기지요, 지금?

○대통령비서실장 김기춘: 그렇지 않습니다.

○박영선 위원: 그렇지 않은데, 집무실에 계신데 왜 서면 보고를 하나요?

○대통령비서실장 김기춘: 집무실도 좀 떨어져 있기 때문에 저희들이 서면으로 많이 올립니다.

○박영선 위원: 이 부분은 지금 답변이 명확하지 않습니다, 실장님.

○대통령비서실장 김기춘: 서면으로 많이 올립니다.

○박영선 위원: 그리고 이것은 국민들이 납득을 하기가 굉장히 힘들 것입니다. 왜냐하면 이 대통령의 서면 보고가 여러 가지로 지금 문제가 되고 있습니다.

넷째, 박영선은 삼성물산-제일모직-국민연금 유착 의혹을 경고했다.

2015년 7월 삼성물산과 제일모직 합병^{이하 합병이라 함}에 국민연금이 찬성표를 던진 배경에는 최순실의 입김이 작용했다는 의혹이 제기되고 있었다. 합병안은 삼성물산의 최대 주주인 국민연금이 돌연 찬성하면서 7월 17일 주주총회에서 통과되었기 때문이다. 국민연금은 합병 찬성으로 막대한 손실을 입은 반면 이재용은 경영권 승계 비용 8조 원가량을 절감했다는 평가가 있다. 합병에 국민연금이 총대를 멘 것은 "청와대와 보건복지부의 찬성 종용" 때문이라는 언론 보도가 있다. 그런데 합병을 전후하여 최순실과 삼성의 미묘한 움직임

2015년 9월 15일 기획재정부 국정감사에서 질의하는 박영선. 이날 그가 제기했던 삼성물산과 제일모직 합병의 문제점은 오래지 않아 실체를 드러냈다.

이 감지된다. 2015년 3월 삼성은 대한승마협회 부회장사에 이어 회장사를 맡는다. 참고로 삼성에는 승마 선수단이 없다.

2015년 8월 초, 삼성전자 사장이자 승마협회장인 박상진이 독일행 비행기에 오르고, 우연인지 필연인지 최순실은 8월 17일 독일에서 '코레스포츠^{후일 '비덱스포츠'로 개명}'라는 스포츠 컨설팅 회사를 세웠는데 삼성은 이 회사에 35억 원가량을 쪼개어 송금했다. 최순실 모녀는 이 돈 가운데 20억여 원으로 호텔과 주택을 구입하고, 10억 원가량을 정유라의 명마 구입에 쓴다. 삼성은 전지훈련 비용 등으로 2020년까지 186억 원을 최순실 측에 지원하는 계획도 세웠다고 한다. 이상이 그동안 언론에 보도된 내용이다. 이것이 사실이라면 최순실 게

이트는 단순히 대통령의 비선 실세 게이트에 그치는 것이 아니라 국가의 기틀을 붕괴시킨 사상 초유의 국기 문란 사건이 된다. 박영선 의원은 2015년 기획재정부에 대한 국정감사에서 삼성물산-제일모직 합병의 문제점을 지적했다. 다시 속기록을 보자. 2015년 9월 15일(화) 기획재정부 국정감사 중 박영선 의원 발언 속기록이다.

○박영선 위원: 삼성물산과 제일모직 합병이 지금 전 세계적으로 논란거리입니다. 삼성물산이 가지고 있던 삼성전자 지분과 삼성SDS 지분, 그 당시에 이것 두 개만 합해도 삼성물산의 자산 가치는 12조 원 정도 됐습니다. 그런데 합병 당시에 삼성물산을 9조 원으로 평가를 했고요 제일모직은 순자산 가치가 5조 원 정도밖에 되지 않는데 평가를 약 22조 원으로 했습니다. 이것 때문에 지금 불공정 합병이라고 논란이 일고 있는 것은 부총리께서 잘 알고 계시지요?

○부총리 겸 기획재정부 장관 최경환: 예, 그것은 아마 관련 법령에 따라서 시장의 주가를 반영한 것으로 알고 있습니다.

○박영선 위원: 글쎄, 주가를 반영한 겁니다.

○부총리 겸 기획재정부 장관 최경환: 예.

○박영선 위원: 그럼 왜 이런 일이 일어났을까요? 이재용 삼남매가 합병 전에 삼성물산 주식은 단 한 주도 갖고 있지 않았습니다. 제일모직 주식만 45.07퍼센트를 갖고 있었거든요. 그러니까 제일모직을 통해서 지금 이것을 상속하려고 그러는 것이지요. 그래 가지고 삼성물산 합

병 후에 이재용 삼남매가 27.56퍼센트를 갖게 됐는데 이것을 2015년
도 3월 31일 1분기 말 기준으로 보면 결국 이러한 불공정 합병으로 인
해서 이재용 삼남매는 약 3조 3,162억 원을 얻게 되고요. 세금 한 푼도
내지 않았습니다. 국민연금은 이 당시에 5,626억 원이 적자가 났는데
지금은 더 적자가 났지요. 약 1조 5,000억 원으로 계산이 되지요, 주가
가 떨어졌으니까. 삼성물산 소액주주들은 5조 4,479억 원, 국민들이
이 5조 원이 넘는 돈을 손해 봐야 했습니다. 결국은 이러한 불공정 합
병으로 인해서 국민들의 자산이 이재용 삼남매한테 그냥 간 겁니다.
전두환 정권이 총을 들고 그 당시에 국민들의 자산을 갈취했는데 이
것은 총만 안 들었지 더 큰 문제가 지금 여기에 있는 것입니다. 그럼
결과적으로 이재용 삼남매는 어제 제가 지적했던 공익 법인을 통해서
2조 7,000억 원, 삼성물산과 제일모직 합병을 통해서 2조 원, 그동안
에 삼성SDS BW, 삼성 에버랜드 CB 발행 이러한 것들을 통해서 약 10
조 원, 그래서 약 15조 원의 재산을 상속받고도 지금까지 증여세상속
세는 이재용 부회장의 경우에 16억 원 냈습니다. 그리고 이 15조 원이
상속되는 과정에서 단 한 푼의 세금도 기재부나 국세청이나 아무도
문제 제기를 하지 않고 심지어 상당수의 언론도 여기에 침묵하고 있
지요, 광고 카르텔에 묶여 있으니까요. 이게 지금 대한민국의 현실입
니다.

최순실 사태는 이후 한국이 가야 할 길에 대한 명료한 처방을 요

구했다. 당시 박영선이 구상했던 대한민국의 미래는 재벌 개혁, 검찰 개혁, 정치 개혁 세 기둥에서 출발했다. 최순실 사태 이전부터 줄기차게 제기해왔던 것이다.

대한민국 역사상 최대 인파가 몰린 평화 집회로 기록될 2016년 11월 25일의 광화문 촛불 집회. 150만의 시민이 눈발 속에 촛불을 든 그 현장에 박영선도 검은색 파카 차림으로 서 있었다. 광장에서 박영선은 내게 이런 요지의 말을 했다.

"광장을 뒤덮은 촛불의 힘에서 나를 다시 돌아보고 신발 끈을 조여 맵니다. 범법자들을 처벌해야 하지만, 촛불은 정치인인 제게 향한 질문이기도 합니다. 대한민국은 그동안 엄청나게 살림이 불어났는데 골방에 잡동사니가 방치된 채 엉클어져 있는 꼴로 엉망이라는 게 드러났죠. 제대로 된 설거지가 필요합니다. 국민적 여망을 반영한 제도적 보완을 통한 밑동이 굳건하고 반칙이 없는 투명한 사회, 국가 건설을 위해 다시 출발해야 한다는 무한 책임을 느낍니다. 최순실 사태를 계기로 저 자신이 지금 존재하는 이유를 자문하며 국민의 여망에 답하려 합니다."

::

최순실 청문회에서 보여준 국민과의 호흡

노승일이라는 이름이 회자되었다. 어떤 상황이 전개되면 종종 무명의 인물을 세상의 중심 무대로 불러오는데 노승일도 그런 경우가 아닌가 싶다. 2016년 대한민국을 뒤흔든 최순실 국정 농단 사태에 등장하는 조연이다. 무명의 필부가 국회 청문회 증인으로 섰다. 최순실이 대기업으로부터 등친 수백억 원으로 세운 K스포츠재단 부장이 그의 직함이다. 최순실 딸 정유라의 독일 승마 프로젝트를 비롯해 내밀한 정보를 갖고 있는 인물이다.

최순실은 타락한 권력의 농간 그 자체였다. 수법과 범위가 하도 교묘하고 광범위해서 '전대미문'이라는 수식어를 붙이지 않을 수 없다. 국민의 분노가 하늘을 찔렀고 광장은 촛불로 뒤덮였으며 규탄의 함성은 청와대 바로 앞에서 울려 퍼졌다.

국정조사가 이어졌다. 국정조사를 한다는 것은 따지고 보면 사법 체계가 제대로 작동하지 못해 의혹이 쌓여 있다는 것인데, 말하자면 검찰이 제대로 수사를 하지 못했다는 이야기다. 최순실 사태에 특검이 구성된 것도 그런 이유에서다. 대통령이 임명한 특별 검찰이 공소장에 박근혜와 최순실이 공범이라는 글자를 적시한 가운데 국회에서 탄핵이 가결되었고 이어 국회 청문회가 진행되었다. 연루자나 의심자들은 각본을 짜 맞춘 듯이 모르쇠로 일관했다. 이럴 경우에는 용기 있는 내부 고발자가 묘약이다. 부패 권력의 속을 들추기 위해서는 내부 고발자가 극단의 각오를 하고 입을 열어야 진상이 파헤쳐진다.

모르쇠로 일관하고 있는 증인들이 짜증을 유발하는 청문회장에 서글서글한 외모의 노승일이 뉴페이스로 등장했다. 노승일이라는 무명의 인물에 시선이 간 이유는 그가 청문회에서 보여준 당당한 태도가 시원시원해 보였고 고발자로서 소신이 명확했다는 점이다. 폭로 보따리를 갖고 있는 노승일은 청문회 위원들 중 박영선 의원을 자신의 '파트너'로 선택했다.

고발자가 결심을 할 때는 나름의 기준을 정한다. 요체는 자신의 폭로를 세상에 전파할 소신 있고 실력 있는 국회의원을 택해야 한다는 것이다. 청문회에서는 의원들의 실력이 그대로 드러난다. 아무리 좋은 재료를 가져다주어도 효과적으로 써먹지 못한 채 오히려 제보자를 위험에 빠뜨리는 의원도 있다.

'자신이 가진 자료를 잘 전달할 위원으로 박영선 의원을 선택했고 녹취와 삼성 파일도 있어서 앞으로도 계속 만나야 한다.'

노승일이 박영선을 점찍은 이유다. 이 내용은 SNS를 타고 빠른 속도로 퍼졌다. 댓글이 이어졌다. 용감하게 나선 노승일 씨가 다치지 않도록 보호해야 한다는 내용이 많았다. 노승일은 삼성 킬러 박영선의 명성을 이미 알고 있었을 것이다.

여기에서 중요한 점을 발견한다. 사건의 중심에 선 인물이 자료 보따리를 들고 누구를 찾아가는가. 믿을 만한 정치인을 찾는 것이 인지상정일 것이다. 자신이 준비한 자료가 제대로 전달되고, 그 자료가 빛을 발해야 한다는 걸 우선으로 꼽는다. 때로는 목숨을 담보로 해야 하는 제보를 들고 정치인을 찾아 나설 때 그 적임자는 문제를 해결할 수 있는 능력과 의지를 갖추고 제보자를 보호해줄 수 있는 정치인이어야 한다. 신뢰 가는 인물이라고 국민들 사이에서 검증된 의원이어야 한다. 그런 면에서 박영선은 의정 활동을 하는 동안 수많은 제보를 접했다. 노승일이 제보 보따리를 들고 박영선을 찾은 것도 다름 아닌 신뢰 하나 때문이었다.

정치에서 신뢰는 무엇인가? 독일 대통령이었던 리하르트 폰 바이츠제커Richard von Weizsäcker는 재임 시절 독일 각계의 저명인사들을 위해 생일상을 마련하고는 했다. 밀실 초청이 아니라 공개적으로 점심식사에 초청한 것이었다. 우리나라처럼 사회 각계 원로를 불러 대화를 나누는 차원이 아니다. 바이츠제커의 점심 초대는 대통령의 직책과 권한을 활용하여 매우 근사하게 준비되었다.

식탁에서 바이츠제커는 손님을 위해 그리 길지 않은 연설을 하는데, 덕담 수준이 아니라 명연설에 가까워서 진한 감동으로 분위기를 돋우었다. 그 연설이 나중에 책으로 엮여 시중에 나오기도 했다. 바이츠제커는 화합을 끌어내고 중재 역할을 잘한 대통령으로 평가받는데, 빌리 브란트 전 수상의 75세 생일날에 행한 연설이 참 그럴듯하다.

1989년 1월 20일 대통령 관저에서 당시 헬무트 콜 총리를 비롯해 야당 지도자와 각계 인사를 초대한 생일 축하연에서 그는 권력과 도덕의 문제를 언급했다. 바이츠제커는 빌리 브란트 전 총리가 '권력과 도덕 간의 긴장을 고양시킨 인물'이라고 평가하면서 "권력 없이는 정치적 책임도 없다. 권력 없는 도덕은 문제 해결을 못하고 이데올로기화된다. 또한 도덕 없는 권력은 죽게 되는데 그 이유는 신뢰를 발견할 수 없기 때문이다."라고 말했다. 도덕에 기반한 권력이 존립하고 유지되는 핵심적인 요소가 바로 신뢰임을 강조한 말이다.

박영선은 그동안 정치권력과 도덕 사이에서 균형 감각을 잘 유지해왔다. 그의 정치 활동에서는 타락한 권력의 너저분하고 오만한 모습이 발견되지 않는다. 그는 담백하고 당당하다. 지역민과 시민들 속에서는 소탈하고 친근한 이웃집 아줌마이지만, 권력과 자본의 부당성에 대해서는 누구보다도 단호한 언어로 질타한다. 권력과 자본 앞에서 당당하기에 그럴 수 있다.

최순실 국정 농단의 결정적인 제보자였던 노승일은 박영선에게 자신과 자신이 가진 자료를 의탁했다. 최
순실 청문회에서 박영선은 팩트를 근거로 한 결정적인 질의와 추궁으로 국민의 체증을 시원하게 뚫어주었
다. 그것은 국민과 박영선의 호흡이 이루어낸 쾌거였다.

노승일이라는 인물이 핵폭탄급 자료를 들고 박영선을 찾아간 이유도 신뢰에 관한 나름의 확고한 판단 때문이었을 것이고, 그 짐작은 옳았다. 박영선이 청문회 진행 중에 유독 제보를 많이 받는 이유도 그에 대한 신뢰가 있기 때문이다. 박영선을 믿는 것이다. 박영선이 해줄 수 있다는 신뢰가 그만큼 크기 때문이다. 박근혜 대통령의 피부 미용과 관련하여 의료시술을 한 것으로 의심받는 김영재 원장 청문회 때도 김영재가 거짓 증언을 하고 있으니 알려줄 것이 있다며 의원 사무실로 전화가 빗발쳤다. 의원실이 계속 통화 중이다 보니 보좌관 전화번호를 알려달라는 연락을 필자에게 해온 이도 있었다. 최순실 국정 농단 청문회는 정치인 박영선을 향한 국민의 신뢰를 다시 한 번 확인하는 계기가 되었다.

최순실 국정조사 청문회는 우여곡절도 많았다. 청문회 당사자인 최순실이 출석하지 않아서 결국 청문회 위원들이 구치소로 가 비공개 청문회로 진행하는 일까지 겪었다. 그럼에도 모르쇠로 일관하는 답변만 들었다. 일부에서는 국회의원들이 제대로 캐내지 못한다는 비판이 들끓었다. 그러나 청문회에 출석하는 증인들은 사실 거짓말을 하러 나온다는 것이 통설이다. 위증죄라는 올무가 있음에도 청문회에서 하는 발언이 특검의 수사 빌미가 될까 봐 무조건 "모른다."로 일관한다. 그럼에도 불구하고 맹탕 같기만 한 청문회가 유의미한 것은 중요한 단서를 끌어내고 종종 결정적인 증언을 확보하기 때문이다. 빙산의 일각일지 몰라도 집요한 질문과 추궁을 통해 진실의 구슬들이 꿰여 나오기도 한다.

최순실 국정 농단 청문회를 통해 특히 박영선은 진실을 캐기 위한 추적 열정을 유감없이 보여주었다. 그는 국민들의 궁금증을 풀어주기 위해 민완 기자처럼 뛰었다. 최순실 구치소 청문회에서는 마치 앵커처럼 구치소 상황을 중계했다. 당시 화면을 복기해보자.

"저는 지금 구치소에 나와 있는데, 국회의원이 최순실을 만날 수 없습니다. 구치소에서 최순실을 보호하고 있어요."

자신의 휴대전화를 압수당하자 급히 김성태 위원장의 휴대전화를 이용해 청문회 위원들 신변이 위협당하고 있다는 사실을 페이스북을 통해 알린다. 진실을 파헤쳐 국정을 농단한 자를 처단해야 한다는 국민적 여망에 부응하기 위한 뜨거운 열정 없이는 불가능한 일이다. 그는 늘 초선의 심정이다. 다선이니 뒷짐 지고 점잖게 있는 것을 스스로 허락하지 않는다. 휴대전화를 통한 구치소 생중계는 그 자체가 하나의 미디어 역할을 해주었다.

그리고 청문회를 통해 박영선의 안목을 확인할 수 있었다. 최순실 사태를 겪으면서 국가기관이 제 역할을 하지 못한 것에 대한 국민의 실망과 분노가 컸다. 사유화된 공권력과 재벌의 유착을 확인하고 또 확인했다. 그 갈피에서 뼈저리게 느낀 바는 반드시 재벌 개혁과 검찰 개혁을 이루어야 한다는 것. 검찰이 감시자 역할만 제대로 했어도 대한민국이 이처럼 수렁에 빠지지는 않았을 것이라는 아쉬움을 지울 수가 없다.

이는 박영선이 의정 생활 내내 일관성 있게 주창해온 검찰 개혁과 재벌 개혁이 바른길임을 증명하고 있다. 그가 제시한 대로 검찰 개혁이 이루어졌다면 검찰이 이렇게 무기력하지도 않았을 것이고, 부당한 권력을 방조할 만큼 추락하지도 않았을 것이며, 국민들에게 불신과 배신감을 안겨주지도 않았을 것이다. 또 박영선이 제시한 대로 재벌의 힘을 분산시켰다면 이렇게 권력과 야합하며 구린내를 풍기지 않았을 것이다. 이미 수년 전부터 청와대 문고리 3인방이 야밤에 서류 보따리를 들고 어딘가로 향한다는 의혹을 제기했던 사람이 박영선이다.

그리고 최순실 청문회를 통해 박영선의 소통력과 판단력을 다시금 확인했다. 박영선은 늘 SNS를 열어놓고 국민들의 의견에 귀 기울인다. 자신에게 가해지는 욕설과 질책도 모두 받아들이면서 국정조사의 방향을 설정했다. 그는 독불장군처럼 행동하지 않았다. 귀를 열어 경청하면서 여론과 팩트를 접수했다. 그리고 예의 그 민첩한 판단으로 송곳 질문을 만들었다. 그 자신이 세운, 준비하지 않은 일은 하지 않는다는 의정 활동 수칙을 엄하게 준수했다. 그리고 단호하게 질문했다. 오직 한 가지, 타락한 권력의 진상과 민낯을 국민들에게 알려야겠다는 일념에서다. 팩트를 확인하고 진실을 캐야 처벌이 가능하다.

보도에 따르면 김기춘은 청문회에서 60여 차례 '모른다.'와 '아니다.' 그리고 '만난 적 없다.'는 말로 답변을 회피했다. 그런 김기춘도 박영선이 들이민 증거에 무너졌다. 김기춘은 줄곧 최순실을 만난 적도, 알지도 못한다고 잡아떼다가 박영선의 집요한 질문과 결정적 증거 앞에서 "제가 못 들어봤다고는 할 수 없다."는 답변으로 항복했다. 사실 확인을 위한 순발력이 발휘된 순간이었다.

기자 출신 박영선은 사실의 힘을 안다. 사실이 전파를 타고 사실이 공유될 때 어떠한 결과가 도출되는지 안다. 그는 보좌진이 써 준 대로 읽지 않는다. 그는 문제를 파악하여 자신의 언어로 발언하고 질타한다. 의미 있는 판단에 능하다. 현장에 능하다. 그래서 박영선이 청문회에서 쏘아붙이듯 던지는 질문은, 그 질문이 거칠어서가 아니라 핵심을 찌르기에 시원하다. 보는 사람들은 '바로 저거다.'라고 호응한다.

최순실 국정 농단 청문회에서 박영선은 국민과 척척 호흡을 맞추었다. 그리고 박영선 의원이 의정 활동에서 주장하는 개혁의 방향이 맞다는 공감대를 형성했다. 박영선이 옳았다.

우리는 대통령의 실패가 국민을 얼마나 고통스럽게 만드는지 뼈저리게 경험했다. 국가가 철저하게 사적 영역에 종속되었다. 기가 막힌 일이 일상인 양 버젓이 횡행했다. 배웠다는 자들과 가졌다는 자들은 난무하던 구호의 뒤 켠에서 자신들의 잇속을 챙기기에 바빴다. 대통령과 일당들이 나라를 어떻게 분탕질 쳤는지, 공적으로 부여받은 권력을 사적 이익을 위해 어떻게 난도질했는지 확인했다. 압축하면 부패다. 이걸 제대로 다잡지 않고 다른 분야를 의미 있게 진행할 수 없다는 것이 분명해졌다. 문제는 부패. 부패는, 칼 포퍼의 문장을 빌린다면, '우리 시대의 가장 용인할 수 없는 악'임이 더욱더 분명해졌다. 문화융성이니 뭐니 하는 화려한 포장지를 걷어내니 악취가 진동했다. 나라를 제대로 이끌어야 할 엘리트들이 나라를 망하게 하는 모습을 적나라하게 보았다. 다시 칼 포퍼에 기대면, 이제 우리는 추상적인 선의 실현이랄 수 있는 '행복의 나라' 등등의 선전 구호를 되뇌기 전에 "구체적인 악을 제거하는 데 주력하라."는 명령문에 답할 필요가 있다. 그리고 이어지는 문장은 "정치적인 수단으로 행복을 만들려 하지 마라. 차라리 구체적인 여러 비참한 상태의 제거를 목표로 하라."이다.

광장에서 부패에 대한 시민들의 분노를 보았다. 어처구니없는 구조적 적폐를 덮고 '행복한 나라' 건설을 반복할 수 없다. 적폐 청산과 새로운 시스템 구축의 첫걸음이다. 청산하지 않고 아스팔트만 덧씌우고 선진 한국으로 발전해나갈 수 없다.

공과 사를 가릴 줄 알고, 공직 책무에 추상같은 책임의식을 갖추고, 소통하면서 바른 안목으로 실천해나갈 용기 있는 지도자가 더욱 절실해졌다. 대통령만 바라보는 정치의 궁극적 재앙을 맛보았다. 쓰디쓴, 반복해선 안 될 교훈이다. 박영선은 부패 개혁에서 기회주의적 처신을 하지 않았다. 그의 입장과 지향점은 일관되었고 자세

'구정물에 설거지를 할 수는 없다' 공정한 대한민국을 건설하기 위해 박영선이 오랫동안 외쳐온 구호다.

는 성실했다. 대통령 탄핵과 국정조사 국면에서 자신의 일관된 원칙을 실행에 옮기면서 국민들과 함께했다. 그것은 정치인으로서 모처럼 한 건 터뜨린 게 아니라 일관되게 추구해온 의정 목표의 일환이었다. 검찰 개혁과 재벌 개혁을 통한 정의롭고 공정한 나라를 만든다는 그의 신조는 시대의 요청과 맞닿아 있고 그래서 돋보인다. 새로운 대한민국 건설은 '박영선 정신'으로부터 출발해야 한다는 제안은 그래서 설득력 있다.

세월호, 가장 아픈 이름

화면은 가라앉는 배를 비추고만 있었다. 배가 기울어 마침내 가라앉는 모습을 실시간으로 지켜보아야만 하는 통탄스런 광경이 대한민국 벌건 대낮에 벌어졌다. 모든 국민은 속이 새카맣게 타들어가고 있었다. 그 배에는 안산 단원고등학교 학생들이 타고 있었다. 2014년 봄날 인천항을 출발하여 진도 앞바다를 가르는 뱃길에서 침몰한 세월호 이야기다.

세월호는 우리 사회에 많은 점을 시사했다. 생명을 구해낼 생각은 하지 않고 자신부터 먼저 챙긴 선장에서부터 엉터리 업무 관행 등 신뢰 부재와 부패의 관행에 찌든 부실 사회를 여지없이 드러내 보였다.

박영선에게도 세월호는 잊으려야 잊힐 수 없는 일대 사건이다. 세월호 사건 속에 원내대표라는 직에 올랐고 세월호 협상을 매듭짓지 못한 채 그 직을 내려놓는 중도하차 상황이 벌어졌다. 세월호 격랑 속에 상승했다 추락하는 천당과 지옥을 몸으로 겪었다.

"정치인 생활 10여 년에서 맛본 가장 큰 좌절이었다. 세월호 침몰 속에서 새로운 희망을 건져보려고 나선 걸음이었지만 참 힘들었다. 나에게 가장 큰 시련을 안겨준 일이었다."고 박영선은 그 당시를 회고했다.

세월호 협상의 책임을 지고 내놓은 원내대표직 사퇴는 그 점에서 박영선이 정치 인생에서 맛본 최대의 실패라고 규정해도 좋을 듯싶다. 정치 입문 10년여 만에 낙선의 경험 없이 대변인에서 법사위원장, 정책위의장, 원내대표로 순탄하게 이어져온 탄탄한 코스에서 암초를 만난 것이다. 시련이라면 시련일 수 있다. 박영선은《누가 지도자인가》에서 원내대표직에서 물러난 후의 소회를 이렇게 정리하고 있다.

"직을 내려놓고 나는 정치란 무엇인가를 생각하면서 지난 시간을 돌아보았다. 동료 의원 가운데 한 사람이 나에게《후흑학厚黑學》이라는 책을 선물해주었다."

《후흑학》은 청말에 이종오가 저술한 책으로, 중국판 마키아벨리즘을 설파한다. 뻔뻔하고 마음이 검어야 권력을 쟁취하고 유지할 수 있다는 정치적 처세술을 담고 있다. 그렇다면 세월호 사건과 박영선을 복기해보자. 박영선에게 정녕 마키아벨리즘이 부족한 것인지 아니면 능력이 부족한 것인지 한번 점검해볼 필요가 있다.

사실 세월호 사건 와중에 실시된 새정치민주연합 원내대표 경선에 대해 박영선은 고민이 많았다. 그를 아끼는 동료들도 출마를 만류하는 편이었다. 다음번에 나가라는 충고도 있었다. 그럼에도 당을 추슬러야 한다는 일념으로 출마했다. 4명이 경쟁한 원내대표 경선에서 결과적으로 박영선이 이겼다. 대한민국 헌정사상 첫 여성 원내대표가 되었다. 2011년, 서울시장 후보 당내 경선에서 승리했으나 박원순에게 석패한 뒤 빠르게 궤도를 찾은 셈이다. 하나의 길이 봉쇄되면 또 다른 새 길이 기다리고 있다는 형국 그대로다. 박영선 앞에는 세월호가 기다리고 있었다. 박영선은 당선 소감에서 "세월호 참사로 대한민국이 울고 있습니다. 이제 새정치민주연합이 새로운 변화, 새로운 에너지를 만들어 국민들의 눈물을 닦아주어야 합니다."라고 밝히며 세월호 특별법 통과를 최우선 과제로 제시했다.

박영선의 당선 소감처럼 당시 정국에서는 무엇보다도 세월호 협상이 초미의 관심사였다. 박영선은 새누리당 이완구와 협상을 진행했다. 모든 협상이 그렇듯이 마라톤협상이었고 끈질기게 이어졌다.

하지만 세월호 협상은 몇 가지 측면에서 어려움이 있었다. 사안 자체가 미증유의 희생자를 낸 국가적 사안이라 이해 당사자가 많았다. 세월호 유가족뿐 아니라 온 국민의 관심이 집중되었다. 그만큼 각계의 주문 사항이나 요망 사항이 다양했다. 주장도 넘쳤고, 논리도 춤을 추었고, 말도 많았다.

분노했고 격해지기도 했고 울분이 강산을 울렸다. 무고한 생명을

세월호 특별법 촉구를 위한 국민 행진 당시

수장시킨 어처구니없는 사건에 대한 공감대가 컸고, 이대로는 안 된다는 국민의 목소리도 높았다. 그래서 국가개조론이 등장하고 모든 것을 다 뜯어고쳐야 한다는 논리가 설득력을 얻었다. 하지만 그것은 미래 구상이었다. 당장의 세월호 협상 테이블이 녹록지 않았다. 여야 간의 시각차나 입장 차이만이 아니었다. 야당 내에서도 명분론이 강하게 부상했다. 목소리가 크다고 해서 반드시 옳은 주장을 하는 것이 아니고, 대다수가 침묵하고 있다고 해서 시중에 유통되는 논리와 주장에 동조하는 것도 아니다. 미디어란 미디어는 온통 세월호 사건으로 도배되어 있었다.

대형 참사가 터지면 비극적인 사안을 빨리 마무리 지으려는 과정에서 정치 쟁점화되는 것이 다반사다. 세월호 협상 역시 그랬다. 유족들 사이에도 의견 차가 있었다. 아무리 탁월한 아이디어를 탁자 위에 올려놓아도 모든 이해 당사자를 만족시킨다는 것은 이상에 가깝다. 박영선은 솔로몬의 지혜를 구하고자 했지만 말 그대로 정치 인생의 흑역사가 되고 말았다.

먼저 박영선의 입장을 다시 정리해보자.

박영선이 생각한 솔로몬의 지혜는 다름 아니라 증거인멸이 시도되고 있으니 이를 더 이상 못하도록 진상조사위원회를 구성해서 빨리 조사에 착수하는 것이었다. 증거가 인멸되는 상황이었기에 협상이 길어지면 길어질수록 진실이 멀어질 수 있었다. 그 때문에 협상을 더 끌고 가는 것이 양심적인 일인가에 대한 고민이 있었다. 증거를 인멸하는 것을 빤히 알면서 협상을 형식적으로 끄는 것은 양심의 문제였다고 박영선은 말한다. 보다 더 '정치적'이었다면 고뇌 어린 모습을 하면서 협상을 끌 수도 있었지만 양심이 명령하는 대로 수직적으로 처리한 것이 잘못이라면 잘못이었다. 꼼짝도 않는 박근혜의 청와대가 버티고 있었던 시절이기에 그야말로 협상은 너무나 힘들었다.

박영선은 원내대표로서 박근혜 정부가 세월호 증거인멸을 시도한다는 것을 알고 있었다. 더 이상 협상이 지체되면 나중에는 중요 증거가 다 사라져버릴지도 모른다는 두려움도 있었다. 그래서 그는 진상조사위원회를 구성하는 것이 시급하다고 판단했다.

"당내 일부 인사들은 나에게 절대로 협상을 빨리하지 말라고 했다. 상당히 오랜 시일이 걸리는 것이기 때문에 조기에 협상을 해버리면 내가 죽는다고 조언했다. 그러나 증거가 인멸되는 상황임을 빤히 알면서도 그렇게 한다는 것은 내 양심이 허락하지 않았다."

그는 미국 9·11 테러에서 진상조사위원회를 구성하여 테러 용의자를 검거하는 데 주력했던 모델을 세월호에 원용하고자 했다. 특검은 진상조사 보고서를 바탕으로 추진하면 된다는 접근이었다. 실제 절차상으로 봐도 진상조사가 먼저고 특검은 그다음 순서가 맞다. 특검 카드를 협상용으로 내세우는 것에 대해 원내 전략 멤버들 사이에서도 암묵적으로 동의가 있었다.

당시 협상 대표로 나온 여당의 이완구 대표는 협상 과정에서 김기춘 청와대 비서실장에게 매순간 전화를 걸어 허락을 받았다. 협상이

막히면 먼저 김기춘 실장에게 전화를 걸어 지시를 받았다. 그러다 보니 김기춘에게 연락이 안 되면 자연히 협상도 지연되는 일이 다반사였다. 세월호 협상의 주도권이 청와대에 있다는 명백한 정황 증거였다. 그럼에도 박영선은 이완구를 성심을 다해 설득했다.

진상조사위원회에서 유가족을 포함한 참여 인원을 3명 더 포함시켜 과반의 숫자가 넘도록 한다는 게 복안이었다. 설득의 결과로 3명을 더 받는 협상 결과를 얻었다. 당초 의도한 대로 협상 결과를 끌어낸 것이다.

그럼에도 박영선이 협상 결과를 들고 왔을 때 박수는커녕 난관에 봉착했다. 이 점에 대해 박영선은 이렇게 말한다.

"협상 결과를 유가족들에게 전달하는 과정에서 소통이 부족했다. 마지막에 세부적인 일까지 직접 만나서 전달해야 하는데 그러지 못했다. 국회 일정으로 다른 사람을 통해 간접적으로 전달했는데 사실이 제대로 전달되지 않은 점이 있고 그게 잘못이었다."

그러면서 "소통 방법을 많이 반성하고 배웠다."고 덧붙였다. 직접 소통의 중요성을 뼈저리게 느꼈던 대목이다.

당사자인 유가족들의 생각은 어떠했고 지금은 어떤 인식을 하고 있는지 궁금했다. 세월호유가족협의회 전명선 전 위원장은 술도 끊고 SNS도 하지 않으며 일관성 있게 일을 추진하고 있다면서 당시의 과정에 대해 이렇게 이야기했다.

"2차 협상안을 가져왔을 때 공식적으로 거부한 것이지 그로 인해 박 의원을 비판한 적은 없어요. 협상에서 보여준 박 의원의 의지와 열정을 유가족과 함께 이해했습니다. 저는 당시 부위원장이었는데 회의석상에서도 박 의원에게 화를 낸 적이 없습니다. 오히려 당시 민주당 다른 의원들을 향해 화를 낸 적은 있습니다."

전명선 위원장은 "박영선 위원장의 협상안을 거부한 것은 견해 차이에서였습니다. 그 정도 협상안으로는 약하다는 판단을 했는데, 이유는 세월호 협상이 시작되기 전에 이미 30일 만에 아들 찬호를 찾고 국가를 상대로 소송을 내려고 증거보전신청을 하려고 해도 정부 측의 은폐 축소 시도로 안 받아들여지고 거부되고 이루어지지 않았어요. 정부가 세월호를 축소 은폐 시도하는 것을 알고 있었고, 그래서 박영선 의원이 이같이 비열한 정부의 작태를 막기 위해서라도 협상을 더 이상 오래 끌 수도 없다는 점도 이해했습니다. 하지만 정부 측의 태도에 불신이 있었기에 그 정도 협상안으로 받아들이기 어렵다는 주장을 한 것입니다."라고 덧붙였다.

전명선은 이런 기억을 되살렸다.

"박 의원은 의원 이전에 여성이고 엄마였습니다. 엄마이기에 자식을 잃은 유가족들의 상실감이 애절하다는 것을 누구보다도 같이 했다는 것을 진정성으로 보았습니다. 마음 아파했음을 알고 있습니다. 박 의원이 여러 번 가족들 앞에서 눈물을 보였어요. 박영선 의원님의 눈물이 기억에 늘 맴돕니다."

전명선 위원장은 진상 규명이 아직 끝나지 않았기에 세월호는 아직 끝나지 않았다면서, 그러기에 세월호 협상 관련 비난을 박 의원에게 돌리는 것은 온당하지 않다고 말했다. 또 그는 "2018년 초 4·16 유가족협의회에서도 박 의원이 오셔 자리를 같이했고, 나는 여전히 박 의원을 이해하고 존경한다."고 말을 맺었다.

박영선에게 마키아벨리즘의 뻔뻔한 얼굴이 부족한 것인가. 안 되는 일을 되는 것처럼 위장해서 협상을 적절히 주물렀다면 나름의 평가를 받았을 것이다. 하지만 박영선은 진실 규명 작업을 통해서만이 문제점을 도출하고 처방을 내릴 수 있다는 해법을 갖고 있었기에 꾸미지 않았다. 특검이든 뭐든 진실 규명이 우선 아니겠는가. 초유의 비극적인 사태가 발생했는데 진실 규명이 먼저 아니겠는가. 특검을 통해서만이 진실 규명이 가능하다면 그렇게 했을 것이다. 하지만 한시가 급한 사안을 두고 특검이라는 형식에만 매몰된 협상이 과연 옳은 방향이었나에 물음이 있었다.

박영선이 사퇴의 변에서 밝혔듯이 원내대표직은 그야말로 폭풍의 언덕이었다. 거센 비바람이 잦을 날 없이 지났다. 생물 같은 현실정치의 역설이지만, 그 역설을 통해 정치인은 큰다. 박영선은 익모초의 쓴맛을 배웠고, 그 경험을 이제 몸에 좋은 것은 쓰다는 진리로 전환시킬 준비를 하고 있다.

이후 세월호 2차 협상은 박영선이 제시한 협상안에서 후퇴한 선에서 합의가 되었다.

2014년 가을, 원내대표직을 그만두고 허탈한 마음으로 박영선이 집에 칩거하고 있을 때 정몽준 전 의원이 전화를 걸어왔다.

"제가 지금 강원도 가는 길이에요. 하늘도 너무 맑고 단풍이 아름다워요. 집에만 있지 말고 바깥 구경도 하세요."

그의 전화는 동병상련의 소통이었으리라.

사람은 누구나 시련을 겪는다. 박영선 역시 시련을 겪었다. 비록 수의 정치에서 패배했지만 박영선의 원칙은 분명하다. 부실한 국가 시스템으로 인해 세월호라는 커다란 아픔을 겪었지만 박영선은 그 아픔을 치유하기 위해 백방으로 뛰었다. 그리고 좌초라는 통증을 통해 귀중한 교훈을 얻었다.

:·:

상선약수와 〈담쟁이〉

여의도 의원회관 박영선 사무실에는 작은 액자가 하나 걸려 있었다. 액자에는 '上善若水^{상선약수}'라는 글이 적혀 있다. 박영선은 출근해서 책상에 앉으며 제일 먼저 이 글을 보고 하루를 시작하곤 했다. 그러면서 내면 저 지층에서 들려오는 나직한 소리를 듣는다. 그 소리는 궁극적으로 가장 낮은 데로 흐르는 물소리다.

상선약수. 노자 《도덕경》 8장에 나오는 구절로, 최고의 선^善은 물과 같다는 뜻이다. 왜 최고의 선을 물에 비유하는가. 다 아는 바처럼 물은 낮은 데로 향한다. 장강^{長江}을 이루려면 숱한 굽이굽이를 휘돌고 나아가면서 끝없이 아래로 내려가야 한다. 그러다 대양^{大洋}을 만난다. 대해^{大海}라는 게 정치적으로 표현하면 국민 아니겠는가? 자연의 이치 그 자체다. 특히 장강을 이루려면 넓고 긴 대지가 필요하다.

경사가 급한 짧은 지형에서는 장강이 형성되지 않는다. 장강은 흐르고 흐르며 긴 여정을 떠난다. 드넓은 대지를 관통하면서 땅에 물기를 공급하여 곡식이 여물게 하고 생명의 물을 제공하고 때로는 천하 비경의 자연을 제공하면서 물은 낮은 데로 임한다. 정치가 흘러가야 하는 곳 역시 국민들 곁이라는 낮은 곳이다. 선거 때마다 그런 다짐을 듣지만 정치가 낮은 데 도착했다는 것을 피부로 느끼는 국민은 별로 없는 게 현실이다.

박영선은 정책위원회 의장이라는 중책을 맡는 순간 상선약수를 제일 먼저 떠올렸다.

"정책의 지향점은 언제나 국민이다. 국민들의 소망이나 요구를 반영하지 않는 방향의 정책은 기득권을 옹호하게 되어 있다. 그래서 정책의 방향이 상선약수처럼 낮은 데로 가야 한다는 다짐을 하면서 이 구절을 거듭 새겼다."

이어 2011년 서울시장 후보로 출마하면서 이 구절을 시민들과 공유했다. 특히 이 구절은 박영선의 지각 출마에 많은 용기를 주었다. 그는 2011년 서울시장 선거 출마에 대해 깊이 생각하지 않던 상황에서 당내 경선을 치르느라 타 후보에 비해 출마 선언이 늦었다. 제일 늦게 뛰어들었다. 늦은 만큼 여론전에서도 불리했다. 여론조사에서 처음에는 타 후보를 따라잡지 못했다. 정치인이라면 누구나 여론조사에 민감하다는 건 상식이다. 박영선이라고 왜 조바심이 나지 않겠는가. 박영선은 상선약수 자세로 임했다. 박영선은 당시의 심경을

박영선은 국민이라는 대해를 만나기 위해 끊임없이 낮아지고 또 낮아질 것이다.

《자신만의 역사를 만들어라》에 이렇게 술회했다.

"자연스러운 물 흐름대로 가자. 이기면 정당정치의 틀은 지금보다 더 굳건해질 수 있을지 모르지만, 부자연스럽게 이기면 시대 흐름이 아니다. 자연스럽게 시대 흐름으로 가자. 2040의 지지를 받고 흘러나오는 현상이 나타난 것을 받아들이자."

당시 서울시장 후보 경선에서 박원순의 흐름을 인위적으로 타파하지 않으려 했다.

박영선은 무리하지 않는다. 몸을 사린다는 의미가 아니다. 해야 할 소임에 대해서는 뚝심으로 관철하는 배포와 용기, 추진력이 있다. 책임감이 강하다. 그러나 해서는 안 되는 일이나 순리에 역행하는 일에는 절대 무리하지 않는 스타일이다. 인간관계를 맺는 박영선의 원칙이기도 하다. 그의 주변에 온갖 사람들이 이해타산을 위해 몰려들지 않는 것도 이 같은 순리에 입각한 언행 때문이다. 다시 말해 상선약수 철학 때문이다.

상선약수를 몇 구절 더 옮겨보자.

말에는 신뢰가 있어야 하고
바름으로 정치를 맑게 하고
일은 능히 풀리게 하고
움직일 때는 때를 기다린다

박영선의 정치 여정은 아직 대지를 흐르는 중이다. 평야 곡창지대도 지났고, 암벽의 협곡도 지났다. 다시 고요한 들판을 지나면서 더욱 낮은 데로 향하고 있다.

박영선은 종종 시 한 편을 암송한다. 〈담쟁이〉라는 시다. 쉼 없이 여정을 소화해오면서 시시때때로 박영선은 자기 성찰의 시간을 갖는다. 그 성찰에는 정치적 소임에 대한 구상도 포함되어 있다.

담쟁이는 담벼락을 타고 기어오르는 식물인데, 특이한 것은 거칠고 높은 담벼락일지라도 기어이 잎들이 어깨동무를 하고 일제히 정복한다. 모든 풀들이 여름 햇살에 말라 시들어가는 시점인 초가을, 담쟁이가 유유히 이웃집 담장을 평정하는 모습은 장관이다. 맨 늦게, 결국 승리자의 모습으로 담장을 넘어서는 담쟁이의 의지와 투지는 시사하는 바가 크다. 박영선이 내면에 담고 있는 벽을 넘는 그림이기도 하다. 눈앞에 닥친 벽을 어떻게 넘고 극복하는지 담쟁이가 상징으로 보여주고 있다. 끈기와 인내가 거기 내포되어 있다.

이 시의 작자는 도종환이다. 그는 〈접시꽃 당신〉이라는 연시로 대중의 마음을 설레게 했던 시인이다. 교사 시절 전교조 활동을 하면서 해직과 투옥을 당한 아픔도 겪었다.

도종환은 민주당 공천 심사위원으로 활동한 적도 있는데, 박영선은 당시 그를 적극 추천한 사람 가운데 한 명이다. 박영선은 시 〈담쟁이〉나 도종환의 이미지가 민주당의 이미지와 닮았다고 평가한다.

이쯤에서 〈담쟁이〉를 한번 소개해본다.

저것은 벽
어쩔 수 없는 벽이라고 우리가 느낄 때
그때
담쟁이는 말없이 그 벽을 오른다
……
저것은 절망의 벽이라고 말할 때
담쟁이는 서두르지 않고 앞으로 나간다

도전의 벽을 상선약수처럼 넘고, 막힌 벽을 상선약수처럼 뚫어 나아가는 지혜를 위해 박영선은 여전히 담금질 중이다. 그러고 보니 선한 표정의 박영선 얼굴이 상선약수 형形 아닌가 싶다. 상선약수와 담쟁이 두 가지 키워드를 들고 박영선은 맨 늦게 평정하는 담쟁이의 승리를 기다리고 있다.

::

수사자 상
그리고 관상가 백재권과의 만남

　신문 지면을 보면 '오늘의 운세'라는 게 있다. 심심풀이로 가볍게 보는 코너인데 나도 종종 본다. 슬쩍 지나치는 코너여서 크게 주목 받도록 편집하는 경우는 드물다. 그런데 중앙일보를 보면서 그런 상식이 깨졌다. 2016년부터 중앙일보 인터넷 판에 〈백재권의 관상·풍수 이야기〉가 단독 기사식으로 떴다. 중앙지로서는 상당히 이례적인 편집이었다. 통상 띠별로 그날의 운세를 풀어주는 것 외에 인물을 색다르게 동물에 견주어 관상을 풀이해주는 에세이 형식의 연재가 실린 것이다. 분량도 꽤 되었고 백재권의 필력도 상당해서 읽는 재미가 쏠쏠했다. 그래서 매주 찾아보게 되었다.

　특히 대선 국면으로 접어들면 이런 류의 글은 독자들의 눈을 사로잡기 마련이다. '누가 대권을 잡을 것인가?'라는 전망은 마권을 사놓

은 도박사가 경주마의 정보를 탐독하는 것과 같은 흥미를 불러일으
킨다. 게다가 동물을 빗댄 관상풀이가 새로운 접근법이어서 신선했
다. 증권시장에서는 상승장을 황소^{Bull}, 하락장을 곰^{Bear}에 비유한다.
또 정치학에서는 매파, 비둘기파 등 조류에 빗대어 강경파와 온건파
를 설명하기도 한다. 백재권의 관상풀이가 매주 실리면서 연재로 자
리 잡는 것을 보면서 독자들의 반응이 상당했다는 점을 어렵지 않게
추측할 수 있었다.

대선 열기가 고조되던 어느 날, 한국의 유력 정치인들의 관상을
풀이하는 내용이 게재되었는데 박영선 의원도 포함되어 있었다. 풀
이의 핵심은 박영선 의원이 수사자 상이라서 아주 큰 역할을 할, 대
성할 상이라는 것이었다. 그런 풀이를 접할 때 좋은 쪽으로 짚어주
면 기분이 좋아지는 게 인지상정이다. 나 역시 그런 마음이었다.

그러나 의문이 들었다. 왜 수사자 상일까? 그리고 실제로 박영선
의원과 대면해서 그런 풀이를 내놓았는가, 하는 두 가지 점이 궁금
했다.

당시 문재인 대선 후보에 대해서는 소^{牛} 상으로 풀이했다. 대선 결
과 문재인 후보가 대통령에 당선되었고, 더욱이 그가 살고 있는 집
이 명당이라는 족집게 설명이 더해지면서 궁금증이 더욱 거세졌다.
백재권을 만나야겠다는 마음이 동해서 결국 대구행 KTX에 몸을 실
었다. 봄이 여물 대로 여문 5월 중순이었다.

대구 인터불고호텔 커피숍에서 그를 만났다. 수인사를 나누고 인터뷰 룸 모양의 별실을 빌려 마주했다. 턱수염을 길게 기른 백재권은 외모에서부터 도사 같은 분위기를 풍겼다.

그는 첫마디에서부터 상대방이 듣기에 좀 민망할 만한 '나는 그런 것까지 다 안다.'는 식의 예측론으로 기선을 제압했다. 고수는 원래 레토릭에도 강한 법이다. 그는 유력 정치인들의 얼굴을 TV를 통해 보면 그 사람의 타고난 본성을 알 수 있다고 했다. 그럼 행보를 예측할 수 있기에 관상 칼럼을 쓸 수 있다고 했다. 백재권은 빠르게 본론으로 들어갔다.

"박영선 의원은 자신이 얼마나 크고 좋은 상을 지녔는지 스스로 깨닫지 못하고 있습니다. 국회의원 정도만 하고 있을 상이 아니에요. 진즉 의원을 넘어 큰일을 했어야 합니다."

립 서비스가 아니라고 했다. 나는 먼저 왜 박영선 의원이 여성인데 수사자 상인지가 궁금했다. 그는 관상이라는 것이 여성, 남성인 것에 관계가 없고 띠와도 무관하다고 했다. 언론에 자주 등장하는 인물은 얼굴만 봐도 알 수 있다고 했다. 좋은 상을 지닌 박영선 의원을 만나기를 고대하고 있었는데 그 이유는 전해줄 말이 있기 때문이라고 했다.

"사자는 혼자서도 사냥을 잘합니다. 그래서 사자 상은 단기필마형입니다. 그런 데다 수사자는 더욱 그렇습니다."

그의 말이 이어졌다.

"그래서 무리 지어 생활하는 게 익숙지 않아요. 더군다나 통이 크고, 작은 이익에 연연하지 않기에 스스럼없이 무리에 들어갔다 나갔다 하는 겁니다. 대개의 사람들은 그걸 두려워하는데 수사자는 그렇지 않습니다."

사자는 백수의 왕이기에 결국 큰 인물이 된다. 가만히 앉아 일을 보는 유형의 자리는 맞지 않는다. 야전형이 적합하다. 국민의 선택을 받는, 판이 큰 선출직이 딱이라는 것.

"재상이나 대권을 품어야 어울립니다."

풀이가 이렇게 진행되어가니 더욱 귀가 솔깃해졌다. 점집에서는 입을 닫고 귀를 여는 것이 상책이다. 그래서 머리를 그에게 더욱 가까이 가져가면서 그의 말을 경청했다. 그 틈에 커피를 주문했다. 그리고 그는 앞으로에 대해서도 말문을 열었다.

"울타리 안에 있어야 합니다. 그리고 혼자가 아니라 이제는 무리를 만들어야 합니다. 지금까지는 단기필마로도 가능했지만 너른 들에서 싸우는 큰판에서는 혼자 다니는 것만으로는 안 됩니다. 곁에 있는 사람들을 챙겨주고 잘되게끔 도와주기도 해야 합니다. 그래야 따릅니다."

이런 풀이를 들으며 곰곰 생각해보니 사람의 관상을 동물에 비유하는 것이 이치에 크게 어긋나지 않는다는 사실에 동의했다. 어느 사람이 특정 동물의 관상을 가졌다면, 그 동물의 특성이나 행태로 풀이해보면 어느 정도의 예측이나 운수 풀이가 가능하다는 논리다.

사자도 수사자 상과 암사자 상이 있다고 한다. 문재인 대통령 부인 김정숙 여사도 어린 사자 상이라고 한다. 호랑이 상들은 만나면 싸우는 데 반해 사자 상끼리는 협동도 잘하고 사이가 좋단다. 그래서 "박영선 의원과 호흡이 잘 맞는 스타일"이라고 짚어주었다.

실제로 박영선 의원은 단기필마형이다. 그가 보여준 정치 행보를 보면 수사자와 같다. 무리 지어 다니지 않는 수사자처럼 계파나 파벌과 거리를 둔 채 나 홀로 외로운 정치를 해왔다.

백재권의 차별성은 사주 풀이하듯 푸는 방식으로 관상을 보는 것이 아니라는 점이다. 그는 점집들이 하는 것처럼 개업 간판을 내걸고 영업을 하는 것도 아니다. 그는 어떻게 해서 이런 경지에 이르게 되었을까? 그게 기도의 힘인지, 아니면 다른 비법을 터득한 것인지 물었다. 백재권의 경험담.

"저는 직관력을 지닌 채 태어난 경우입니다. 어린 초등학교 때부터 선생님이나 사람 얼굴을 보면 그 사람이 무슨 생각을 하는지 저절로 알아지고 그랬습니다. 제가 태어난 집터도 좋았고요. 한때 논바닥에서 텐트를 치고 6개월 넘게 산 적도 있습니다. 그 터가 명당이라고 여기는 사람도 없었고 집을 지을 수 있다고 생각하는 사람도 없었어요. 터가 좋은 데서 상당 기간을 눌러 앉아 있어야 기를 받습니다. 실제로 그 집에서 같이 기거했던 사람은 나중에 큰돈을 벌었어요. 그전에는 혼자서 참선과 기도도 많이 했습니다."

현역 정치인들에 대해 동물관상으로 해석을 요청했는데, 백재권이 풀이해준 내용을 여기에 그대로 옮기는 것은 적절치 않은 듯하다. 다만 만약 그의 말대로 된다면 향후 정치판이 상당히 재미있게 굴러갈 것이라는 생각과 실제로 그렇게 될까 하는 의문이 같이 들었다.

백재권의 설명은 이렇다. 동물의 세계도 상극과 상생이 있고 그러기에 서로 맞는 상이 있다는 것이다. 서로 으르렁거리는 상이라면 센 동물이 이긴다는 정글의 법칙이 적용된다고 한다.

다시 박영선에게 돌아와서 백재권은 "더욱 허리를 굽혀야 한다."고 주문했다. 자신을 낮추는 일은 지금도 하고 있고 몸에 뱄다고 내가 말하자, "선거 때 낮추는 것은 누구나 하는 것이다."라고 말을 끊으면서 "더 낮아져야 한다."고 강조했다. 빤한 말인 것 같지만 뼈 있는 조언이다. 크게 되려면 더 크게 섬겨야 한다는 것은 상식 아니겠는가.

그렇게 듣기만 했는데도 3시간여가 훌쩍 지나갔다. 대구에서 가장 오래된 국밥집으로 향했다.

정치는 정글처럼 내일을 담보할 수 없는 영역이라고 했다. 사는 게 어렵고 그 어려운 길에 지팡이를 잡고 싶은 게 인지상정 아닌가.

촛불 정국이 대선으로 이어져 문재인 대통령이 당선되고 새 정부가 들어서면서 국가를 이끌 사람 이야기가 넘치던 때라, 직업적으로 관상을 보는 사람이나 정치 현장에 있는 정치인, 아니 필부들도 관심이 거기에 쏠리는 게 자연스럽고 당연한 것 같았다. 좋은 사람이

지금까지 박영선은 단기필마로 의롭고도 외로운 싸움을 해왔다. 그는 정치에 관한 한 냉정함을 잃지 않지만, 국민 속에 있을 때는 한없이 여려지고는 한다.

적기에 일을 해야 나라도 태평하고 발전하는 것 아니겠는가.

대구에서 돌아온 몇 주 뒤에 법무부 장관 하마평이 무성할 무렵 '박영선의 수사자 상'에 대한 백재권의 칼럼이 중앙일보에 실렸고, 다들은 이야기지만 또 읽어도 재미있었다. 기사에는 박영선의 얼굴 사진과 수사자 사진을 나란히 편집해서 실었는데, 설명을 이미 들어서인지 '아, 그래서 수사자 상이라고 했구나.' 하고 고개가 끄덕여졌다.

::

메르켈과의 만남

풍수와 관상을 인문학적 경지로 끌어올리는 노력을 하는 관상학자 백재권은 박영선 의원과 독일의 메르켈 총리가 같은 관상이라고 말한다. 두 정치인 모두 여성으로선 매우 드문 수사자 상이라는 것. 백수의 왕인 수사자 상은 무리와 조직을 이끄는 큰 지도자형이라는 것이 그의 해석이다.

관상학자 백재권의 이야기를 가슴 한 켠에 담고 있던 터에 박영선 의원이 독일을 방문해서 메르켈 총리를 만났다. 독일 총리를 만나는 일은 정상 회담 같은 의전적인 경우 말고는 사실 힘들다. 그 점에서 박영선이 메르켈 총리를 만난 것은 이례적이고 운이 좋았다고 말할 수밖에 없다. 박영선과 메르켈 두 사람이 함께 포즈를 위한 사진을 백재권에게 보여주었더니 꼭 닮은 '수사자 형제'라고 평가했다.

2017년 12월 박영선은 독일을 방문했다. 독일 한스자이델 정치재단의 초청이었다. 도시지리학 전공자로서 도시 문제와 발전에 남다른 관심과 식견이 있는 박영선 의원이 구상하고 있는 서울의 미래상과 관련하여 한스자이델 재단이 공감하고 독일의 도심 재생 등의 현장을 시찰할 수 있는 기회를 제공한 것이다. 베를린, 함부르크, 뮌헨 등 독일의 남과 북을 걸쳐 두루 둘러보는 여정이었고, 베를린이 첫 기착지였다.

독일에 도착하던 날 눈이 많이 내렸다. 비행기가 연착할 정도로 일기가 불순했다. 박영선의 독일 방문 일정을 짰던 한스자이델 재단 김영수 국장이 메르켈 총리와의 면담을 위해 접촉했으나, 한국을 출발할 때만 해도 아직 확답을 받지 못한 상태였다. 베를린에 도착한 김영수 국장은 기민당 카타리나 란트그라프 의원과 접촉했다. 한스자이델 재단은 독일의 기독사회당^{기사당}에 속해 있는데, 기사당은 기민당과 연립 파트너이기에 양측 간에는 늘 소통 채널이 확보되어 있다. 또 란트그라프 의원은 기민당 소속이면서도 자매당인 기사당 일에 아주 적극적이다.

라이프치히 지역구 3선 여성 의원인 란트그라프는 동독 출신으로 역시 동독 출신인 메르켈 총리와 친분이 있다. 더욱이 메르켈 총리가 라이프치히대학에서 연구원 생활을 한 이력이 있다. 연결 고리 '라이프치히'가 가동된 것이다.

베를린 노이쾰른의 도심 재생 현장을 시찰하고 있을 때도 최종 확

독일 국회 의사당의 내부 모습. 독일 민주주의를 좌절시킨 제국 의사당 위치에 새롭게 건설했다. 유리를 통해 의사당 내부를 내려다볼 수 있는 이 건물은 여러 가지 은유와 상징을 담고 있다.

답을 받지 못했다. 곧이어 의회를 방문할 예정이었다. 그러던 차에 란트그라프 의원으로부터 연락이 왔다. 메르켈 총리가 오후 5시에 의회에 도착한다는 것. 그리고 회의 참석 전에 박영선 의원을 잠시 만나겠다는 전갈이었다.

메르켈 총리는 이날 의회에서 연정 협상 회의 일정이 잡혀 있었다. 총리에 네 번째 연임했지만 아직 연방 정부를 구성하지 못하고 있다. 연정 불참 의사를 밝힌 사민당을 제외한 군소 정당들과 가진 지난번 연정 협상은 난민 문제 등을 이유로 결렬되었다. 그래서 메르켈의 발걸음이 더욱 분주해졌다. 재선거라는 배수진을 쳤지만 현실적으로 녹록지 않았다. 어떻게 해서든지 연정을 구성해서 정국을 안정시켜야 하기에 어깨가 무겁기 그지없는 상황이다. 그래도 메르켈은 흔들림 없이 묵묵히 인내심을 갖고 연정 협상을 이끌고 있다.

현재 독일 연방회의 의사당은 통일 후에 과거 제국의회 건물을 리모델링해서 사용하고 있다. 수난의 역사를 간직한 제국의회를 통일 독일 민의의 전당으로 재탄생시키면서 독일 의회는 몇 가지 작업을 시도했다. 그중 하나가 의회 건물 안에 유리 돔을 설치한 것이다. 국민이 유리 돔을 걸으면서 의원들이 회의하는 모습을 볼 수 있도록 했다. 이는 국민이 의회를 감시하고 있으며 의회가 국민 위에 군림하는 게 아니라는 사실을 국민이 아래로 내려다보는 건축적 은유로 표현한 것이라 할 수 있다. 투명성을 강조하는 상징으로도 다가온다.

마침내 의사당에 메르켈이 모습을 드러냈다. 수수한 옷차림의 메르켈이 환한 미소로 박영선 의원에게 악수를 청했다. 동행했던 한스 자이델 김영수 국장은 정말 자매가 만난 것 같은 착각이 들 정도였다고 말했다.

박영선이 "한반도 안보 위기와 관련해서 메르켈 총리께서 한반도 평화 중재자로 나서줄 것"을 요청했고, 메르켈 총리는 "여성 파워로 해보자."고 대답했다. 박 의원은 독일이 갖고 있는 러시아 지렛대를 활용하는 방안을 제시하면서 한반도 평화 정착을 위한 메르켈의 중재를 재차 당부했다. 메르켈은 특유의 엷은 미소를 지으면서 "차기 서울시장님을 위해서라도 해야지요."라는 덕담을 건넸다. 메르켈이 박영선에게 "Next Mayor^{차기 시장}"이라고 한 까닭을 나중에 알았는데, 독일의 3선 여성 국회의원인 란트그라프가 사전에 메르켈에게 박영선의 이력서를 건네며 귀띔해주었기 때문이라고 했다.

훈훈한 분위기였다. 메르켈 총리를 의전 없이 이렇게 만나기란 쉽지 않다. 박영선 의원은 오래 만나온 사람처럼 친근했고 편했다고 말한다.

"눈이 참 맑아 보였습니다. 마치 인형의 눈을 보는 듯한, 그리고 편안하고 따스한 인상이 처음 만났는데도 오랫동안 본 듯한 따스함을 주었습니다."

무엇보다도 익히 들어온 바대로 소탈한 모습도 인상적이었다. 바지 차림에 평범한 아줌마 같은 모습이 격식 없이 편하게 다가왔다.

나중에 사진을 보니 두 정치인의 포즈나 옷차림이 미리 짜놓은 각본을 따른 것처럼 너무 흡사해서 이 두 사람이 전생에 인연이 있지 않았을까 싶을 정도였다. 실제로 두 사람의 정치 이력에는 공통점이 많다. 대변인으로 정치에 입문한 것을 시작으로, 전문가 출신에 단기필마형 정치인이라는 점, 이산가족의 아픔을 공유하고 있다는 공통분모까지. 관상학적으로 수사자 상이라는 공통점도 있다고 했는데, 두 정치인의 분위기가 비슷한 것이 거기에서 출발한 것 아닌가 하는 생각에 재미있고 흥미롭다. 그래서 이 두 거물 정치인이 펼칠 정치 여정에 관심과 기대가 클 수밖에 없다.

반전의 여왕 박영선
장미 대선을 꽃피우다

승부의 세계는 여러 국면이 있다. 패색이 짙은 상황에서 단박에 상대의 급소를 가격해 결과를 뒤집기도 한다. 경기에서의 반전은 보는 이들을 숨죽이게 만든다. 반전이 있을 때 승부는 더욱 흥미진진해진다.

제로섬 게임인 선거에서도 마찬가지다. 특히 대통령 선거는 당내 경선부터 시작해 여러 과정을 거치면서 경쟁에 불이 붙고 흥행을 도모한다. 진짜 적과 맞서기 전에 내부 경쟁을 통해 후보자를 뽑는 것이 오늘날 선거판의 룰이다. 내부 경쟁이 치열하고 흥미진진할수록 유권자의 관심이 집중되고 흥미를 유발하며 당의 지지도를 끌어올린다. 여러 명의 후보가 나서야 흥행에 도움이 된다. 그러다 보니 그러한 환경을 조성하기 위해 갖가지 묘안을 짜내고 홍보에도 적극적으로 나선다. 흥행 요소를 적절히 안배해서 주목도를 높이는 것이 선거 정치의 상식이고, 내부 경쟁이 치열할수록 좋은 것이 경선의 정치학이다. 그래서 "내부 경선이 곧 본선"이라는 말도 생겨났다. 그리고 열세에 놓인 측의 전략가들은 마지막 순간까지 극적인 반전을 꿈꾼다.

국정 농단과 촛불 정국 속에서 실시된 2017년 대선은 여러 면에서 특수한 상황일 수밖에 없었다. 조기 대선이었고, 그런 만큼 각 당은 준비 기간이 부족했다. 대통령 선거는 대한민국 전체가 선거구이기 때문에 물리적으로 많은 시간이 소요된다. 경선 절차까지 더하면 적어도 6개월은 잡아야 제대로 진행할 수 있다.

그런데 2017년 대선 시간표는 탄핵 이후 60일 이내에 대통령을 선출해야 한다는 규정에 따라 5월 9일로 결정되었다. 그 기간 안에 경선과 대선을 모두 치러야 했기에 시간이 턱없이 부족했다. 더불어민주당은 시간의 압박 속에서도 여러모로 유리한 측면이 있었다. 촛불 정국에서 국민 대다수의 지지를 획득하고 있었다.

그럼에도 2017년 4월의 상황은 녹록지 않았다. 문재인 후보가 더불어민주당 단일 후보로 결정된 후에도 국민의당이 의석 다수를 차지한 호남 민심이 좀처럼 돌아오지 않았던 것이다. 박영선은 4월 13일부터 자신의 생각을 담은 선문답 같은 명상 일기를 페이스북에 올리면서 '퀘렌시아'를 화두로 던졌다.

> 우리는 매일매일 묻고 답합니다. "나는 어디에 있는가?" 저도 오늘 묻고
> 답합니다. 나는 어디에…… 저는 퀘렌시아에 있다고 답합니다.
> 헤밍웨이는 투우사와 싸우던 지친 소가 잠시 숨 고르기를 하는 장소 퀘
> 렌시아(Querencia)에 대한 정의를 《오후의 죽음(Death in the Afternoon)》
> 에서 아래와 같이 설명했습니다. 즉 퀘렌시아는 힘들고 지쳤을 때 찾게
> 되는 안식처.
> 사람 각자마다 자신의 퀘렌시아가 있습니다. 음악을 듣는 것, 시를 읽는
> 것, 책을 읽는 것, 여행을 떠나는 것. 모두가 우리들 각자의 퀘렌시아이
> 겠지요.

그의 피정은 선거를 승리로 이끌기 위한 고민의 여정이었다. 물리
적 시간은 짧았지만, 사색의 깊이나 성찰의 폭만큼은 길고 긴 여정
이었다.

대선 후보 여론조사나 여론은 호각세를 점쳤다. 민주당의 압승을
자신할 수 없는 분위기였다. 특히 광주에서의 판세를 예측하기 어려
웠다. 지난 총선에서 광주는 국민의당이 점령했다. 따라서 광주를
탈환하는 것이 민주당 승리의 핵심 전략이었다. 실지회복이라는 점
에서도 민주당의 명운이 걸린 문제였다. 그런데 박영선은 당시 광주
시장에 출마하라는 권유를 받을 정도로 광주에서 지지도가 높았다.

그 때문에 광주와 호남에서 박영선을 찾는 목소리가 날로 높아졌다.

문재인 캠프 사람들이 광주, 호남 민심의 반전을 위해 누구를 찾느냐고 의견을 구하면 이구동성으로 '박영선'을 찾았다. 당시 상황을 광주 시의원을 지낸 허문수 전 의원은 이렇게 회상한다.

"지역에서 박영선 의원이 오기를 원했습니다. 당시만 해도 문재인 후보께서 앞섰지만 더 힘을 보태야 하는 상황이었고, 표를 더 모을 수 있는 분이 필요했는데 박 의원이 문 후보와 만난 뒤 합류하면서 광주 분위기가 확 바뀌었어요."

박영선의 퀘렌시아에는 몇 권의 책과 음악이 동행했다. 《THE PATH 더 패스: 세상을 바라보는 혁신적 생각》크리스틴 그로스 로, 마이클 푸엣, 《새는 날아가면서 뒤돌아보지 않는다》류시화, 조성진의 〈쇼팽 피아노 콘체르토 11번〉, 존 앤 반델리스의 〈폴로네이즈〉 그리고 전설적 여배우 마를레네 디트리히의 〈릴리 마를렌〉.

박영선은 당시 페이스북에 5편의 글을 올렸다. 그는 자신을 채찍질하고 단련하면서 묻고 또 묻고 있었다. 음악으로서, 시의 구절로, 기도문으로 그는 자신과의 대화를 이어갔다.

그가 자신의 퀘렌시아에서 붙잡고 기도한 것은 문재인의 당선을 위한 외연 확장, 대한민국호가 나아가야 할 '통합'에 대한 고민이었다. 그리고 그는 2017년 문재인 후보를 위해, 문재인의 당선을 위해 다시 몸을 불살랐다.

4월 17일은 대통령 후보의 공식 유세가 시작되는 날이었다. 공교롭게도 16일이 부활절이었다. 9년 전이었던 2008년, 구로에서 극적인 반전의 승리를 이루었을 때도 부활절 날 구로 땅을 처음 밟았다.

박영선은 이날 페이스북을 통해 부활절 인사와 함께 국민 통합과 문재인 후보 승리에 대한 의지를 밝히고, 바로 다음 날인 17일 아침 약속대로 용산으로 달려갔다.

봄비가 내렸다. KTX를 타고 광주로 향했다. 첫 유세를 하기 위해서였다. 광주 양동시장에서 마이크를 잡고 광주의 새벽 정신을 강조하면서 격정의 호소를 했다.

박영선의 대중 연설은 힘이 있고 호소력이 강하다. 광주의 힘으로 문재인을 지지해줄 것을 호소했다. 광주가 꿈틀거리기 시작했다. 첫 유세를 마치고 난 뒤 박영선은 서울로 돌아오는 KTX에서 페이스북에 이렇게 글을 올렸다.

광주 출정식을 마치고 〉 D-22

광주는 아픔 위에 민주주의를 세웠습니다. 그 아픔의 갈피에 수많은 이름들이 있었고 광주 시민 모두가 역사의 사초에 새겨야 할…… 소중한 이름들입니다.
이제 그 민주주의 초석 위에 정의로운 통합된 나라를 세워야 합니다. 그게 진정한 광주 정신을 계승하는 일입니다.

오늘 유세 첫날 비 내리는 호남선을 탔습니다. 요 며칠 깊은 사색의 피정 속에서도 참다운 광주의 길이 무엇인지 생각했습니다. 통합의 메시지를 들고 여러분에게 제일 먼저 인사를 드리고 싶었습니다. 광주를 기억하고 그 기억 속에 살맛 나는 힘찬 나라를 건설하려는 저의 간절한 통합의 발걸음에 용기를 주십시오. 민주주의 항거의 첫 새벽이었듯이 광주 시민들이 승리의 횃불을 정통 야당 우리 민주당을 위해 높이 들어주십시오. 다시는 광주 시민 여러분의 가슴에 서러움 없도록 저, 박영선의 정치 생명을 걸고 지켜내겠습니다.

용서가 과거를 바꿀 수는 없지만 미래는 확실히 바꿀 수 있습니다. 미움, 섭섭함 털어버리시고 용서하세요. 광주 시민 여러분!

정통 야당 더불어민주당으로의 정권 교체로 5·18 광주 정신 계승과 새로운 대한민국으로의 힘찬 전진에 힘을 모아주십시오!

그는 약속대로 방방곡곡을 누볐다. 가는 곳마다 통합 정부와 국가 통합의 필요성을 강조했다. 로마가 천년을 유지한 이유가 개방과 통합이었듯이 문재인 정권의 탄생을 위해 그는 통합에 방점을 찍었다. 문재인 지지 선언의 출사표를 던지고 난 후 행동으로 보여주었다. 자신의 지역구 선거보다 더욱 열심히 뛰었다.

공식 선거 기간 중에 광주는 10번을 찾았다. 부재자 투표도 광주시 충장로에서 했다. 출근하다시피 들렀다. 타 지역을 먼저 방문했을 때도 자투리 시간을 내어 광주로 달려가서는 광주 시민들의 손을

2017년 4월 17일 광주 유세 현장에서의 모습. 박영선이 대선 유세에 나서면서 광주의 반전이 시작되었다.

잡았다. 그는 진정성이 무엇인지 겸허하게 보여주었다.

전략 지역이자 아킬레스건이기도 한 광주의 민심이 서서히 돌아서는 양상을 보였다. 선거 중반전에 들어섰을 무렵에는 광주가 뒤집혔다는 소식이 여기저기서 들려왔다. 여론조사에서도 더불어민주당이 국민의당을 제친 것으로 나타났다. 박영선 효과가 빛을 발하고 있었던 것이다.

광주 판세는 대단히 중요했다. 안철수 후보와 지지층이 겹치는 광주에서 선두를 탈환한다는 것은 곧 안철수를 압도한다는 사실을 의미했다. 극적인 반전이었다.

반전의 여왕, 박영선이었다. 극적인 모습으로 선거 분위기를 반전시켰던 예전과 달리 이번에는 백의종군 자세로 판세를 역전시켰다. 울산, 당진, 김해, 청주, 부산 등 전국 곳곳으로 정말 열심히 다녔다. 모두 수천 킬로미터를 뛰었다. 열심히 외쳤다. 그의 메시지는 통합이었다. 위기의 대한민국을 구하는 처방은 진정한 통합 정신을 발휘하는 것이라는 점을 내세우고 설파했다. 그 일환으로 당내에 통합정부추진위원회를 구성해서 로드맵을 만들고 미국 해리티지 재단 보고서 형태의 차기 정부 전략 보고서도 냈다. 그리고 마지막 날까지 광주를 들르고 나서 광화문에서 박영선의 유세 마이크는 오프^{off} 되었다. 23일간의 대선 전쟁이 끝났다.

2017년 대선 선거운동 기간 동안 박영선이 한 일 중에 빼놓을 수 없는 일 가운데 하나가 페이스북을 통한 유세였다. 그는 페이스북 생중계로 유권자들과 소통했고, 이동 중에도 차량 안에서 페이스북에 글을 올리며 자신의 동선과 메시지를 공유했다. 모바일 선거운동의 효용성과 미래를 간파하고 있었기에 적극적으로 실행하고 나섰다. 선거운동 방식을 스스로 진화시키면서 리드했던 것이다.

출구 조사에서 문재인의 승리는 예고되어 있었다. 무엇보다도 광주에서의 민주당 득표율이 압도적이었다. 광주가 대선 승리를 견인했음이 숫자로 나타난 것이다. 땀과 눈물의 성과였다. 박영선은 개운했고 참으로 다행이라 생각했다. 개표 상황을 지켜보다가 여의도 선거대책본부를 나온 그는 홀로 귀가하면서 지난 대선을 떠올렸다.

이번까지 모두 세 번의 대선을 치렀다. 정동영을 도우면서 치른 대선에서는 쓰라린 패배를 경험했고, 문재인을 도왔던 지난 대선에서도 안타깝게 졌다. 그리고 세 번째 만에 드디어 승리를 맛보았다.

승부의 세계가 간단치 않듯, 정치 세계의 최대 승부인 대선 역시 간단치 않다. 단번에 승리를 거머쥔다는 것은 교만일지도 모른다. 숱한 고비와 어려움을 지나면서 조금씩 탑을 완성해가는 것이다. 그래서 통합이 필요하고, 통합으로 쌓아야 튼튼해지는 법이다.

박영선은 정치가 쉽지 않다는 것을, 국민의 마음을 얻는 일은 신뢰와 정성으로 만들어가는 기나긴 여정임을 다시 한 번 마음속 깊이 새겼다. 승리도 인생도 모두 축적의 시간이 만들어내는 결과물인 것이다.

그리고 모처럼 깊은 잠을 청했다.

박영선에 대하여

초판 1쇄 인쇄 2021년 2월 5일
초판 1쇄 발행 2021년 2월 15일

지은이 신창섭
발행인 박효상 **편집장** 김현
기획·편집 김설아 김준하 이양훈 **디자인** 이연진 엄혜리 이인선
마케팅 이태호 이전희 **관리** 김태옥

종이 월드페이퍼 **인쇄·제본** 현문자현
출판등록 제10-1835호 **발행처** 사람in
주소 04034 서울시 마포구 양화로11길 14-10(서교동) 3F
전화 02) 338-3555(代) 팩스 02) 338-3545
E-mail saramin@netsgo.com Website www.saramin.com

ISBN 978-89-6049-885-3 03340